RÉPONSE

AUX

OBSERVATIONS

De Mr. S. P. Ernst Curé d'Afden, sur la Déclaration exigée des Miniſtres des Cultes en vertu de la Loi du 7 Vendémiaire An 4.

Par P. D. Prêtre.

Nemo vos seducat inanibus verbis ; propter hæc enim venit ira Dei in filios diffidentiæ. Nolite ergo participes effici eorum. Ephes. V. 6.

1797.

RÉPONSE

Aux Observations de Mr. S. P. Ernst Curé d'Afden, sur la Déclaration exigée des Ministres des Cultes en vertu de la Loi du 7 Vendémiaire An 4.

LE cri, qui s'est élevé contre ceux, qui ont justifié la Déclaration exigée, et qui ont trouvé des raisons plausibles de la faire, devient plus général, et plus fort même depuis qu'on nous flatte que la Loi du 7 Vendémiaire va être suspendue ou rapportée.

Revenus de nos crises et rassurés sur les dispositions qu'on nous annonce du Directoire, qui doit révoquer cette Loi, nous nous serions bien gardés d'agiter une question, qu'il convient de laisser retomber dans le néant; puisqu'elle ne doit plus avoir de but.

Mais, Monsieur, les Observations que vous venez de donner me mettent la plume en main, pour y répondre. Je le ferai avec tous les égards qu'exigent l'honnêteté, et qui sont dus à votre caractere et à votre érudition reconnue. J'attaquerai votre brochure, non votre personne.

Comme Curé vous cherchez des raisons pour

prouver que la Déclaration est licite, et que même c'est pour vous *un devoir*. p. 38. Comme Prêtre je crois en trouver d'essentielles, qui m'obligent à soutenir l'opposé. Vous m'y avez vous-même invité équivalemment, M., pendant votre séjour à Maestricht, en manifestant assez publiquement vos sentimens, et les soutenant par toutes les raisons que la logique et vos connoissances dans l'Histoire Ecclésiastique ont pu vous suggérer. J'accepte volontiers cette espece de défi, et je m'engage à vous montrer que la Religion si nécessaire au bonheur des Etats, si favorable au progrès de l'esprit humain, l'unique source de la vraie morale, et de la saine politique, le plus ferme appui de la Souveraineté, et le principe de tout bien, ne peut sympatiser avec la Déclaration qu'on exige. Je n'entrerois pas dans cette espece de joûte, si l'intérêt de notre Sainte Religion ne m'y forçoit. Mes armes sont trop inégales contre les vôtres. Un vieillard de soixante et dix ans, qui a perdu la mémoire et toute son énergie, par la suite d'une atteinte et d'autres infirmités; un homme de cet âge, pillé dans le Vandalisme de l'insurrection, dépouillé de ses livres qui sont passés par les armes en en faisant des cartouches, privé de toute ressource et même d'une modique pension, qu'on lui retient injustement depuis trois ans, un si foible adversaire, M., est-il en état de s'escrimer contre un champion aguerri, et plein de feu et de vigueur? N'importe, je m'essaierai et ferai quelques efforts avec des armes rouillées, comme celles du vieux Priam. *arma diu desueta*, *VIRG.* Mais, je le répete, l'unique motif qui me détermine à lutter contre vous, c'est l'intérêt de la Religion, que la Déclaration va jetter dans les plus grands dangers.

Mais moi-même n'en courré-je aucun, Monsieur, en paroissant contrarier les dispositions du Gouvernement ? Je ne lui suis cependant pas moins soumis que vous ; mais je ne puis ni ne dois adopter le tour favorable que vous savez donner à ses intentions. Ainsi tout est pour vous, et rien n'est pour moi, si ce n'est que je prétends mieux prouver mon *civisme* que vous, en communiquant mes idées *aux* Gouvernans, pour leur donner des notions plus claires et plus justes; au-lieu que vous, Mr., vous les affermissez dans l'erreur, en leur supposant des vues, que leurs expressions contredisent.

Si ma Réponse n'est guere plus longue que vos Observations, comme elle devroit l'être naturellement, c'est que dans un espace si court je n'ai pu vérifier tout, ni relever tout. Il faudroit pour bien faire vous suivre pas à pas et entrer dans de longs détails. Mais il a été urgent d'user de promptitude et même de précipitation, pour répondre sans délai à votre brochure, afin d'arrêter les impressions, qu'elle pouvoit faire sur des esprits prévenus par la célébrité de votre nom, et peu en garde contre l'étalage de vos preuves. Vous trouverez peut-être que ma marche est moins soutenue que la vôtre; mais je crois qu'elle sera plus sûre, et qu'elle conduira plus efficacement à l'intégrité de la foi, j'ajoute, Monsieur, et je vous en préviens, que si dans votre fécondité inépuisable, il vous prenoit envie de riposter, je me ferai une loi de me renfermer dans les bornes du silence, et de suivre la totalité morale du Clergé du Pays-Bas, en attendant la décision du Vicaire de J. C. Décision, à laquelle on ne doit guere s'attendre dans les circonstances actuelles, qui justifieront le silence du S. Siege. Après ce préambule indispensable, j'entre en discussion.

Il est déchirant, dites-vous, Monsieur, p. 1, *au moment*, où l'on nous fait espérer que la terre trop long-temps ébranlée par les terribles secousses d'une guerre, dont les fastes du monde ne nous tracent aucun exemple, va être guérie de ses agitations et de ses playes. Oui, *il est déchirant sans doute, de voir une partie de la République en proye à un nouveau genre de calamité. Un peuple foncièrement attaché à la Religion de ses peres*, bien loin *de compter fermement*, comme vous l'annoncez sans doute par distraction, qu'il *n'y seroit jamais gêné*, y a trouvé au contraire à chaque pas de nouvelles entraves, avant même qu'il fût question de la Déclaration : mais il les souffroit avec cette patience et cette résignation, qui caractérise le vrai Christianisme : car vous avez beau vanter dans votre brochure la liberté dont elle jouit, et dont elle jouiroit encore après la Déclaration faite pour l'exercice de son Culte. p. 26. Vous ne pouvez nier, que dès l'entrée des armées dans les Pays-Bas, on lui enleva une quantité d'Eglises, et la plûpart sans nécessité ; puisque nombre de maisons, de granges, de souterrains, propres aux mêmes usages, restoient vuides. Quelque temps après suivit la défense d'exercer hors des temples les cérémonies saintes ; de porter publiquement, selon le rit Catholique, les Sacremens aux malades, et d'accompagner les morts à la sépulture ecclésiastique ; et tout cela sans doute, pour ne pas choquer les yeux des administrations et des armées, qui par une apostasie, aussi rapide qu'inconcevable, n'étoient plus faites aux spectacles de Religion absolument abrogés en France. Survint ensuite l'ordre de n'ouvrir les églises en hyver qu'après le soleil levé ; ce qui empêcha les trois quarts du peuple d'assister au St. Sacrifice, avant que de se livrer à leurs occupations. Bientôt la hache destructive des régénérateurs ne tarda pas à donner le coup mortel à tous les instituts religieux. Leur costume, qui blessoit leurs yeux, fut prohibé, et ce qu'on ne me montrera pas dans l'histoire d'un Gouvernement, hélas! nagueres très-Chrétien, en proscrivant la livrée d'un Religieux, il leur fut même défendu de porter celle de leur Sacerdoce.

La Loi fatale de cette suppression faite par l'autorité séculiere et incompétente leur ravit leurs propriétés et les réduisit à mourir de faim, sans la charité des Fideles, qui se cotiserent généreusement pour cette nouvelle imposition indirecte, et qui se virent privés tout-à-coup de la commodité qu'ils trouvoient à se nourrir du pain de la parole de Dieu et à fréquenter les Sacremens : aussi sont-ils tombés depuis en désuetude par la difficulté d'y recourir.

Ce n'a donc pas été jusqu'à ces derniers *momens*, p. 1. que le *Peuple foncièrement Chrétien avoit compté fermement de n'être jamais gêné* dans sa Religion, puisqu'il l'étoit en effet, et de la maniere même la plus contrariante. Tout ce qu'il y a de vrai, c'est qu'aujourd'hui le mal est empiré par gradation, puisque *ce même Peuple se trouve par-tout réduit à ne pouvoir plus exercer son Culte.*

Mais est-ce que ce malheur vient, par le *REFUS de ses Pasteurs de donner la Déclaration exigée en vertu de la Loi du 7 Vendémiaire An 4?* Pourquoi *par le refus?* Ce mot est bien dur, et annonce dans ces Pasteurs, je ne sais quel entêtement opiniâtre. Pourquoi point par de justes motifs de conscience, qui empêchent les Pasteurs de condescendre à ce qu'on exige d'eux? Ce mot de *REFUS* tout crû dénote déjà votre opinion, Mr., même avant de l'avoir présentée et discutée; vous deviez la réserver pour la conclusion de votre brochure. Mais moi, je soutiens que la cessation du Culte vient uniquement des exécuteurs de cette Loi du 7 Vendémiaire, et non du *REFUS* que la conscience prescrit aux Pasteurs; comme les persécutions ne devoient être attribuées qu'aux ordres injustes des Césars, non au refus légitime des Martyrs.

J'aime à croire, dites-vous, p. 1. *que le Gouvernement, s'il avoit mieux connu l'esprit public & prévu le résultat de sa démarche à cet égard, ne l'eût point entreprise.* Permettez moi de vous répondre, Mr., que sur ce point le *Gouvernement* étoit parfaitement instruit *de l'esprit public*, et qu'il pouvoit prévoir *le résultat de sa démarche.* N'avoit-il pas l'expérience de la Vendée et ne dut-il pas *arrêter un désordre*, qui a eu les suites les plus horribles pour ces pauvres Vendéens?

On leur avoit aussi demandé une Déclaration uniquement de soumission et non d'obéissance; et néanmoins ils s'exposerent à tous les genres de vexations et d'oppressions, plutôt que de la faire, jusqu'à ce qu'enfin le Représentant Grenot leur permit d'y apposer les modifications et les restrictions, que leur dictoit la conscience, et qui étoient essentielles à leurs principes religieux, comme on peut le voir dans la note ci-dessous (1). Or n'est-il pas évident par cette note, que le

---

(1) *Extrait de l'Esprit des Gazettes du 3 Term. 3e. Ann. Rép.* (21 *Juillet* 1795 *V. S.*)

DE RENNES, *le* 18 *Messidor* (6 *Juillet*)

D'après la Loi du 11 Prairial, plusieurs églises avoient été accordées ici aux Prêtres insermentés. Cette même Loi porte qu'*ils ne pourront remplir le ministere d'aucun Culte dans lesdits édifices, à moins qu'ils ne se soient faits décerner acte, devant la Municipalité du lieu où ils voudront, exercer, de leur soumission aux Loix de la République.* Le 27 de ce mois, le corps municipal fit afficher une invitation aux Ministres de venir faire enfin cette Déclaration. Depuis ce jour, plusieurs églises ont été fermées, sur le refus d'obtempérer à ladite Loi. Quelques jours après il y eut plusieurs rassemblemens, et le 14 Messidor, le Représentant Grenot fit publier et afficher une proclamation, portant que le Département fera ouvrir les Eglises conformément à la Loi du 11 Prairial. L'article V. de cette proclamation porte : *Les Ministres des Cultes résidans dans la commune de Rennes sont appellés à se représenter individuellement dans les 24 heures devant le Corps administratif, pour déclarer qu'ils vivent* soumis *aux Loix de la République. Toutes les* restrictions relatives aux opinions religieuses seront admises, *parce qu'elles ne sont pas interdites par la Loi, et que la liberté des opinions est garantie par la Déclaration des droits de l'homme.*

Le même jour, 14, la Déclaration suivante fut publiée, affichée et déposée au Département, elle étoit signée de 87 Prêtres insermentés, pour la seule ville de Rennes. Cette Déclaration portoit ce titre.

Gouvernement peut appaiser tout d'un trait de plume, et vous en faites vous-même l'aveu ; car après avoir dit. *J'aime à croire que le Gouvernement s'il avoit mieux connu l'esprit public, & le résultat de sa démarche à cet égard, ne l'eût point entreprise*, vous ajoutez, *la Déclaration d'un côté, n'étant rien moins que néces-*

Déclaration des Prêtres insermentés de la commune de Rennes, en conséquence de la proclamation du Citoyen Grenot, Représentant du Peuple, en mission dans le Département d'Ile et Vilaine, du 14 Messidor 3e. Année de la République.

Je soussigné, Prêtre insermenté, considérant que je suis autorisé à insérer dans la Déclaration de soumission aux Loix civiles, requise par la Loi du 11 Prairial, toutes les restrictions relatives à mes principes religieux, et que cet acte de soumission ne concerne que les objets civils.

Qu'il ne pourra résulter aucune nécessité de communiquer spirituellement, ni d'avoir des temples communs avec les Prêtres qui ont adopté la ci-devant constitution civile du Clergé, que je persiste de regarder comme séparés de ma Communion, soit avec des Ministres d'aucun autre Culte.

Qu'enfin toute la latitude que peuvent désirer des consciences alarmées, est promise par la proclamation du Représentant du Peuple du 14 Messidor.

Déclare que, sous la réservation expresse de tout ce qui concerne la Foi, la morale, la discipline et la hiérarchie de l'Eglise Catholique, Apostolique et Romaine, je vis soumis aux Loix purement civiles de la République. Je ferai imprimer la présente, dont je requiers acte.

A Rennes le 14 Messidor, 3e. Année de la République.

Suivent 87 signatures.

saire, & l'intérêt essentiel du Gouvernement, de l'autre côté, étant de s'attacher, le plus étroitement que possible, ces peuples que l'histoire nous montre si ennemis de toutes les innovations sur-tout celles où ils croient la Religion compromise, ou que du moins il eut cherché par quelque modification etc.

Je ne veux pas chicaner sur le style : ce n'est pas ce qui doit nous occuper dans le cas présent; mais cette longue tirade est si obscure, qu'après l'avoir lue et relue je doute encore, Mr., si j'entre enfin dans votre sens. Un peu de réflexion vous en fera convenir.

Je présume que cette phrase incidente appartient à ce qui précède, et qu'avant ces mots *ou que du moins*, il faut supposer la répétition de *j'aime à croire* qui n'en est éloigné que de neuf lignes. En effet la répétition de *j'aime à croire* auroit prévenu tout entortillage. Lisons donc pour ôter toute amphibologie, *ou* (j'aime à croire) *que du moins il* (le Gouvernement) *eut cherché à prévenir un désordre, qui ne peut avoir que les plus mauvaises suites pour ce peuple, comme pour le Gouvernement lui-même, dont les esprits vont s'aliéner de plus en plus, si la défiance qui l'a enfanté, n'est point écartée.* En cela vous vous rencontrez avec M. Huleu Archi-prêtre de Malines, chez qui il paroît que vous avez puisé les principes qu'il avoit déjà consignés dans son *Avis au Peuple*; mais vous allez beaucoup plus loin que lui. Pleins, tous deux, de bonne opinion pour les législateurs, par rapport à la Loi, qu'ils ont portée et à la Déclaration qu'ils exigent sans restriction, vous leur faites également envisager à quoi l'urgence de cette Déclaration peut porter le peuple, mais vous, M., vous prenez le ton décisif, puisqu'en anticipant même sur le jugement qu'on attend du St. Pere, autrement consigné que dans un Bref apocryphe, que vous citez avec confiance à la fin de vos Observations, vous n'en déclarez pas moins que *vous ne vous refuserez* pas à la Déclaration, lorsque vous *serez sommé de la faire* p. 38. au-lieu que M. Huleu, voyant que son opinion se trouve en opposition à celle de tous les autres, dans plusieurs Départemens; voyant encore que le Cardinal-Archevêque a publiquement désavoué son Avis au peuple (*a*), a déclaré dans une Lettre, dont on voit ici l'extrait (*b*), qu'il se trouve contraint de suspendre son jugement.

(*a*) Le Cardinal-Archevêque de Malines ayant appris qu'il court un bruit, qu'un certain écrit flamand sous le titre : *Waerschouwinge aen het Volk* (Avis au Peuple), a paru dans le public avec son consentement, déclare : que cet imprimé a été fait et publié sans sa connoissance, et celle de son Vicariat. Fait à Malines le 18 Mai 1797.

Par ordre du Cardinal-Archevêque de Malines.

C. VAN BEUGHEM, *Secrétaire.*

(*b*) EXTRAIT *de la Lettre de M.* Huleu *au Conseil des Cinq-Cens.*

„ La Loi du 17 Vendémiaire An 4me., contrarie
„ si universellement et les consciences des Ministres
„ du Culte Catholique, et l'esprit des autres Citoyens,
„ qu'on ne peut voir sans effroi dans l'avenir.
„ Je parle avec d'autant plus de franchise, que
„ le désir de conserver l'exercice de notre sainte
„ Religion et de vous obéir, m'avoit fait chercher

Or, maintenant, Mr., est-il vrai, que c'*est l'amour de l'ordre autant que de la vérité, dont vous êtes animé, qui vous a décidé à tâcher d'éclairer ceux de vos Confreres qui ont envisagé la Déclaration, dont il s'agit, sous un point de vue oblique comme ceux auxquels elle a été présentée dans un faux jour*. p. 4. Quel dommage que le Saint Cardinal-Archevêque de Malines, que les Vicariats Belgiques, que les Docteurs de Louvain, que Mille et un autre, n'ont pas été *éclairés* de vos lumieres pour ne pas envisager la Déclaration sous un point de *vue oblique!* vous ne l'auriez pas présentée comme eux à vos Confreres *dans un faux jour*. Du moins quelque *changement* qu'il puisse *arriver à l'égard* de cette *Déclaration*, *votre travail servira*, comme vous le dites assez gratuitement, *à faire conster au public, que ceux qui l'ont faite n'ont point agi inconsidérément*. ibid. Et ce même travail servira apparemment à convaincre au moins d'imprudence l'Evêque de

---

„ des moyens pour me persuader qu'on pouvoit prê-
„ ter cet acte de soumission civique, sans blesser sa
„ conscience : je fus donc de cette opinion ; mais
„ comme elle se trouve en opposition avec celle de
„ tous les autres dans plusieurs départemens, je me
„ sens contraint de suspendre mon jugement et ré-
„ duit à la dure nécessité d'user de la liberté que
„ votre loi m'accorde, en m'abstenant du ministere.
„ Je puis le faire sans conséquence pour le public,
„ n'ayant pas de paroisse à diriger ; et je dois le
„ faire, pour ne pas m'exposer à la censure du peuple,
„ qui commence à suspecter la Religion des Minis-
„ tres qui se prêtent à faire la soumission susdite."

A Malines, le 28 Floréal 5e An. Répub.

Ruremonde, pour avoir inconsidérément hazardé une Lettre à son Diocèse, dont je joins ici l'extrait (*a*). Et ce Doyen, ce Grand Vicaire d'Anvers, ce Docteur aussi docte que pieux, Mr. Werbrouck, s'il avoit eu quelque rayon de vos lumieres, auroit-il emprunté dans sa réponse au Citoyen d'Argone, le ton et le style d'un Apôtre, pour une vétille, telle que la Déclaration (*b*)? Mais suivons le fil de vos Observations; car il n'en faut rien perdre.

(*a*) *Extrait d'une Lettre de Mgr. L'Evêque de Ruremonde, datée de Munster, le 19 Mai, 1797.*

„ L'on n'ignore pas chez vous la résolution prise à cet égard par l'Université de Louvain, conjointement avec le Cardinal-Archevêque, plusieurs Curés de son Diocèse, et les Députés de l'Evêché d'Anvers. Par cette résolution on doit être convaincu, qu'il n'est pas permis en aucune façon de faire une pareille soumission, sans signer par cette conduite le schisme avec l'Église de Rome. L'on ne doute donc pas que le Clergé de Ruremonde suivra l'exemple de son Métropolitain et de son Chef. &c.

(*b*) *Lettre du Doyen de la Cathédrale d'Anvers au Commissaire d'Argone.*

Vraisemblablement, par une méprise, on aura joint la Lettre ci-incluse à celle qui m'a été adressée de votre part; j'ai donc l'honneur de vous la renvoyer. Quant à celle du 13 Floréal, An. 5e. No. 48, qui me concerne, je vous écrirai franchement et avec toute la candeur qu'il faut mettre dans toutes ses démarches vis-à-vis de l'autorité publique, sur-tout lorsqu'il est question de la foi qu'on professe; je vous avouerai donc avant tout, que je respecte profondément l'autorité civile; que j'ai à son égard toute la soumission et toute l'obéissance, que Dieu dans ses Saintes Ecritures ordonne aux hommes par rap-

Selon vous Mr., c'est une erreur et *une erreur bien aisée à appercevoir, d'identifier la Déclaration, soit avec le Serment sur la soi-disante constitution civile du Clergé.... soit avec le second Serment appellé civique?* p. 4. Mais la plûpart prétendent y trouver une analogie et une conformité parfaite à certaines nuances près : et puisque les Gouvernans ne veulent pas souffrir de restrictions, n'est-il pas assez apparent que depuis Mirabeau, qui le premier forgea, à ce que l'on

---

port aux Puissances de la terre : Mais les Loix civiles, Citoyen Commissaire, sont l'ouvrage des hommes : elles peuvent se trouver en contradiction avec les Loix de Dieu, et pour lors il est évident et il nous est ordonné d'obéir à Dieu plutôt qu'aux hommes. Or, parmi les Loix de la République *déjà émanées*, il y en a (je ne vous le cacherai pas) sur lesquelles ma conscience, après l'examen le plus mûr, ne peut aucunement se rassurer. Je ne puis donc moi-même satisfaire à ce que vous exigez de moi, et par conséquent il ne m'est pas permis d'induire les autres à y déférer ; car ce seroit grossiérement et indignement abuser de l'estime publique (si toutefois j'ai pu m'en attirer), et du caractere dont je suis revêtu. Je ne puis conséquemment donner l'exemple que vous me demandez : au contraire mon exemple doit affermir tous ceux, qui, dans l'ordre de la Hiérarchie établie par J. C. dans son Eglise, me sont soumis. Si après les démarches que nous allons faire près les autorités supérieures, vous croiez de votre devoir de sévir contre des innocens, je remets dès-à-présent mon corps et mes biens entre vos mains; mais mon ame entre celles de son Créateur, qui est en état, s'il lui plaît, de me délivrer de toute poursuite. —— Salut et respect.

Signé Jos. F. E. Werbrouck, Doyen de la Cathédrale d'Anvers et Vic. Général.

Anvers le 2 Mai 1797, 13 Floréal, An. 5e.

dit, le mot de *décatholiser*, les Gouvernans Chefs de la Royauté ou de la République, suscités peut-être par les Jacobins, n'ont jamais cessé de travailler à *décatholiser la France* avec tous les pays tant voisins que lointains, et que pour cette fin, ils ont d'abord frappé le grand coup par le *Serment* de le Camus, réprouvé par le St. Siege; qu'ils en ont frappé un second par *le Serment civique*, *qui ne différoit du premier que de nom*, et qu'enfin ces deux Sermens sont rentrés dans le néant, d'où ils n'eussent jamais dû sortir, pour être remplacés par une *SIMPLE Déclaration de reconnoître la République et d'être soumis à ses Loix*. Ah! Monsieur, comptez que cette *Déclaration* toute *SIMPLE* que vous la dites, a été frappée sur la même enclume que les deux autres Sermens sacrileges, et qu'elle revient au même but par d'autres expressions. Là on prenoit Dieu à témoin sur un objet qui contenoit un *amas* et *comme un extrait de toutes les hérésies*, selon l'expression de Pie VI, et où il ne s'agissoit de rien moins que de l'anéantissement total de la Hiérarchie; et ici des gens qui sont en pleine révolte contre l'Eglise, et qui sont condamnés par l'Eglise, exigent une Déclaration sans réserve à des Loix, qui ne tendent à rien moins qu'à l'entiere destruction de la Religion. Aussi lorsqu'il fut question de rédiger cette fatale Déclaration, entendit-on un Orateur Jacobin s'écrier dans la joye de son cœur, *voici le moment arrivé, où nous allons porter le dernier coup au fanatisme*; c'est-à-dire, dans leur langage, aux Prêtres; tant on y mettoit d'importance, pour consommer l'œuvre des ténebres.

Je conviens avec vous, Mr., que cette Loi n'est pas

pas un Serment, mais je prétends qu'à l'exception de l'invocation du nom de Dieu, qu'on n'y fait pas intervenir, elle est pour le fond équivalente à un Serment ; car je ne puis pas plus promettre ou déclarer, que je ne puis jurer, et comme vous en convenez vous-même avec St. Athanase, *il n'est pas plus permis de mentir, que de se parjurer; la parole d'un Chrétien devant être comme un Serment.* p. 5. Ainsi détrompez vous, Mr., *ce n'est pas pour donner le change sur la véritable intention du Gouvernement, et dans la vue de nourrir la défiance à son égard, qu'on affecte de faire passer cette Déclaration pour un Serment.* p. 5. Votre *peut-être* est ici superflu. Nous savons faire, comme vous le voyez, la distinction d'un Serment et d'une promesse.

Mais Mr. vous parlez sans doute, par ironie, lorsque vous dites que c'*est toujours une espece de modération de la part du Gouvernement, aujourd'hui éclairé de l'abus énorme des Sermens, de s'être borné à une SIMPLE Déclaration.* Admirable modération, que vous lui supposez, en apologiste officieux! vous venez de dire quelques lignes plus haut, que la *Constitution ne reconnoît aucun Culte en particulier, ni par conséquent aucun Ministre des Cultes, qu'ainsi elle ne statue rien sur le Sacerdoce Chrétien,* et cependant par *modération* sans doute, elle ne laisse la liberté des Cultes, qu'autant que les ordonnances le permettent.

Citons la Loi Titre XIV. Art. 354. *Nul ne peut être empêché, d'exercer, en se conformant aux Loix* (anti-Chrétiennes) *le Culte qu'il a choisi.* D'où j'infere que *cette espece de modération* que vous lui supposez gracieusement, lui suffit pour prendre de-là occasion de renouveller les massacres de Paris, les carrieres d'Avignon, les noyades de la Loire, les horreurs de Nantes, les déportations au Sénégal ou à la Caffrerie.

Cette Loi, dites-vous, *ne statue rien sur le Sacerdoce Chrétien*, p. 5. Eh! dès qu'elle tracasse les Ministres du Culte, n'attaque-t-elle pas le Sacerdoce? Ce sont-là des conséquences naturelles qui dérivent nécessairement du principe comme l'effet de la cause. Vous savez vous-même, M., combien les Jacobins sont électrisés et électrisent jusqu'aux mauvais Prêtres, n'est-il pas naturel qu'ils travaillent de concert à l'anéantissement de la Religion, même en accordant une chimérique liberté des Cultes? S'il ne s'agissoit que de la soumission que tout homme doit en conscience au Gouvernement, sous lequel il vit, pourquoi faire des Prêtres une nation à part, et exiger d'eux plus que ne prescrivent les fameux droits de l'homme? Car quand on voit dans les droits de l'homme que la Loi, soit qu'elle ordonne, soit qu'elle défende, soit qu'elle récompense, ou punisse, est la même pour tous les Citoyens. Quand on voit que c'est la seule chose, qui dans la forme actuelle du Gouvernement rappelle le sentiment de l'*EGALITÉ*, mot si répandu et si universel, qu'il sert de préambule à toutes les Loix, que les Conseils décernent, et à toutes les dépêches et publications qui émanent des Départemens et des Municipalites. N'est-il pas visible que la Déclaration, qu'on exige des Ministres du Culte, contrevient aux droits de l'homme et qu'elle fait des Prêtres insermentés une classe séparée du reste des Citoyens? Mais la République a ses vues : sans cela tracasseroit-elle les Prêtres avec tant d'opiniâtreté. Elle s'attend d'attirer quelques Prêtres et même le plus grand nombre dans ses sentimens et dans ses principes; elle affichera leurs noms en gros caracteres dans l'endroit le plus apparent des églises, pour mettre en évidence leur adhésion aux Loix de la République, et alors ils seront reconnus et avoués par la nation, qui ne les distinguera plus ni d'un Prêtre constitutionnel ni d'un Prêtre jureur et assermenté. Elle triomphera de cette recrue de Prêtres Républicains, et s'en applaudira à l'instar des Païens, lorsqu'ils avoient fait d'un Evêque ou d'un Prêtre, un apostat.

Mais ce que la République demande aujourd'hui, ajoutez-vous, p. 5. est *une simple Déclaration de la reconnoître, et d'être soumis* (*non obéissant* apparemment?) *à ses Loix qui ne sont et ne peuvent être que civiles.* D'où savez-vous, Mr., qu'elles ne peuvent être que civiles? Est-ce parce que Mr. Huleu à Malines, dont quelqu'un a fait un éloge auquel je ne souscris pas; puisqu'il lui prête une vertu qui va *quelquefois jusqu'à un rigorisme outré*; est-ce parce que quelques autres en petit nombre et la plûpart partisans de la fameuse Théologie de Lyon l'ont ainsi compris? *Les Loix*, dites-vous, *ne sont et ne peuvent être que civiles.* p. 5. Je le crois, car ont-elles rien de canonique et de spirituel, venant d'une législature qui ne connoît ni le Sacré ni le Divin, et qui n'admet aucun Culte en les admettant tous? Mais si elles ne sont que civiles, faites donc agréer la restriction convenable. Qui ne voit que dans ce refus, il y a anguille sous roche?

Toutes ses Loix sont civiles, continuez vous,

je le voudrois; mais combien de fois sous le nom de paix n'a-t-on pas déclaré la guerre à l'Eglise. Je vous citerois la Confession d'Ausbourg en 1530, et sans remonter si loin la Constitution *civile* du Clergé de l'An 1790. Le Serment qu'on y exigea avec rigueur de tous les Ecclésiastiques fut également appellé *civique*, et le Chef de l'Eglise qu'on consulta, déclara dans sa Lettre Apostolique du 13 Avril 1791, que „ ce Serment „ étoit la source et l'origine empoisonnée de „ toutes sortes d'erreurs".

Ce ne sont donc pas les termes seuls, dont on peut faire une fausse application, qui doivent nous déterminer. S. Paul veut que nous ne soyons pas comme des enfans à qui l'on fait croire tout ce que l'on veut, ni comme des personnes flottantes et peu affermies dans la Foi, qui se laissent emporter à tous les vents par la tromperie des hommes et par l'adresse qu'ils ont à engager artificieusement dans l'erreur (*a*).

Ainsi, Mr., le mot *civique* ne peut vous être d'aucun secours dans le sens de l'Assemblée Nationale : elle qui étant toute politique n'est d'aucun Culte ; tellement que toutes ses Loix, quelque irréligieuses qu'elles pourroient être, seront toujours appellées purement civiques.

On peut s'en convaincre par l'arrêté que l'Administration centrale du Département de la Meuse inférieure a fait publier à Maestricht le 2 Prairial

---

(*a*) Voyez le texte (Eph. IV. 14.) que je cite selon la Paraphrase du P. Carrieres.

dernier. On y fait entendre que les Loix de la République, sans en excepter aucune, sont *toutes purement civiles*. Eh! bien! par un renversement d'idées, sous le rapport qu'ont les Loix, soit avec Dieu, dont émane toute Puissance législative, et qui est notre derniere fin, soit avec l'intérieur de l'homme et la conscience, on pourra les appeller également *toutes purement divines* ou *ecclésiastiques*.

Toutes les Loix, selon vous, M., sont civiles. Or il faudra donc sans doute mettre au nombre de ces Loix celle du 9-17 Juin, 1791. Et quelle est cette Loi? Une bagatelle, la voici. „ Art. 1. „ Aucuns Brefs, Bulles, Rescrits, Constitutions, „ Décrets, et aucunes expéditions de la Cour de „ Rome, sous quelque dénominations que ce soit, „ ne pourront être reconnus pour tels, reçus, „ publiés, imprimés, affichés ni autrement mis „ en exécution dans le Royaume; mais y seront „ nuls et de nul effet, s'ils n'ont été présentés „ au corps législatif vus et vérifiés par lui etc. — „ 2. Les Evêques, Curés, etc..... seront pour- „ suivis criminellement.... et punis de la peine „ de dégradation civique etc....".

C'est donc cette Loi relative au *Visa* des Rescrits de Rome, ainsi que celle *du 7 Vendémiaire An 4. concernant la police extérieure des Cultes*, qu'il faut mettre au nombre des autres Loix civiles? On voit Mr., à la maniere leste dont vous traitez cette Loi, et sur laquelle vous glissez si rapidement pag. 5. et p. 28., que de pareils objets ne vous arrêtent guere. Cependant pesez cette Loi; elle est portée à l'égard de toute Bulle, Rescrits etc. *sous quelque dénomination que ce soit.* Cette Loi réduit donc toute la communication des Fideles avec le Chef de l'Eglise à une pure relation politique, soumise entiérement au bon plaisir du pouvoir civil. Donc elle soumet l'exercice de l'autorité du Vicaire de J. C. sur ses ouailles en matiere spirituelle, au pouvoir humain. Donc elle rompt toute communication; et nous voilà Schismatiques, si nous promettons obéissance aux Loix de la République. Nous avons nommé le *Visa*, mais vous savez que le *Visa* se bornoit aux matieres béneficielles et litigieuses, et que l'usage de ce *Visa*, si outrageux au Vicaire de J. C. par rapport aux Bulles dogmatiques, n'a été introduit chez les seuls François et dans ces derniers temps aux Pays-Bas, que par les menées des Calvinistes et puis des Jansénistes, comme un moyen propre à se soustraire aux Décrets de Rome. Ce sont eux qui marchant de concert sur la même ligne avec le grand Arnauld, l'auteur de la distinction du *fait* et du *droit*, ont finement inventé celle de ce qui est intérieur d'avec ce qui est extérieur; mais il est de foi, comme vous ne pouvez l'ignorer, Mr., que le *jus cavendi* ou *le droit d'inspection* qu'a un Prince Catholique, ne le rend pas juge des décrets dogmatiques, et que l'Eglise a le droit de les publier indépendamment de la puissance temporelle (*a*). Aussi Innocent X et Alexan-

---

(*a*) Voyez Zypeus tit. de Const. Wamesius, Valdensis, Christinæus. Voyez sur-tout, *Demonstratio Antonini de Luca.* Cet Ouvrage, approuvé par M. Daemen en 1708, ne laisse rien à désirer. On y trouve une Lettre de Philippe IV avec ces expressions : *N'estant les Placets requis qu'en matiere.... bénéficiale et litigieuse entre parties.*

dre VII ont-ils cassé ce droit de *Visa* et l'ont déclaré nul et contraire à la raison, à la piété et à la religion des Princes; puisque la puissance donnée par J. C. à son Eglise, est indépendante de la puissance des Princes (*a*); tellement qu'en conséquence toutes les constitutions dogmatiques contre le Jansénisme ont été promulguées dans les Pays-Bas sans *Placet* ni examen des Conseillers (*b*). Mais on verroit beau jeu s'il falloit soumettre les Rescrits de Rome, non à des Princes Catholiques, mais à des profanes, qui après avoir été baptisés, ont renoncé à l'adoption sainte, et qui sous le nom vain de liberté de Culte, n'accordent aucune préférence à l'Evangile sur l'Alcoran, qui mettent J. C. et Mahomet au même niveau, et qui marquent une parfaite indifférence pour le Christianisme, l'Athéisme, ou le Matérialisme.

Mais avec quel art enchanteur, Mr., vous savez tout applanir! il n'est point de difficulté qui ne s'évanouisse sous votre plume. C'est une *imposture*, selon vous, que *le bruit répandu sur la communication rompue avec le Chef visible de l'Eglise. La Loi permet, comme cela s'observoit dans les Etats acatholiques, de publier les Rescrits du Pere de la Chrétienté dans l'enceinte de l'Eglise* à une petite formalité près. *Elle le permet, APRÈS QUE CES RESCRITS AURONT ÉTÉ PRÉSENTÉS AU CORPS LÉGIS-*

(*a*) 11 9bre 1651. — 14 Mars 1658.
(*b*) *In eminenti. Ad sacrum. Cum occasione. Vineam Domini. Unigenitus.*

LATIF, *vus et vérifiés par lui.* p. 28. Hola! M., de grace souffrez que je vous arrête! Voudriez-vous peut-être insinuer, en ne faisant qu'un seul contexte, que cela s'observoit ainsi dans les Etats acatholiques? Est-ce que les Rescrits y devoient être vus et vérifiés avant que d'être *publiés dans l'enceinte des Eglises seulement*? Non certainement. Il falloit donc faire sentir la disparité, et ne pas envelopper subtilement l'un dans l'autre; car quel est le lecteur qui ne seroit pas tenté de croire, que vous avez cherché à faire disparoître cette différence palpable?

J'aurois cru, dites-vous, *cette Loi rapportée par l'Art.* 22 *de celle du* 7 *Vendémiaire.* p. 28. Cela paroissoit naturel, mais le Directoire ne consulte pas notre jugement, puisque vous voyez que toute *rapportée* que vous l'avez crue, il n'a pas laissé de la rappeller dans son arrêté du 26 Floréal dernier. Au reste *cette formalité du Visa* ne vous arrête guere, *elle étoit en usage à l'égard de la plûpart de ces Rescrits dans nombre d'Etats Catholiques*, p. 28. Donc elle peut être en usage dans une République Françoise? Je rougis, Mr., d'être dans le cas de tirer de vos premisses cet argument de comparaison, et vous devez en être un peu confus; cette formalité *étoit en usage à l'égard de la plûpart de ces Rescrits dans nombre d'États Catholiques*, mais puisqu'ils étoient Catholiques, ils étoient soumis à l'Eglise, et ils se gardoient bien de s'ériger en juges des dogmes et de la discipline; *DONC* elle peut aussi être en usage dans une République, qui sous le nom chéri de *liberté des Cultes*, anéantit toute espece de Culte, et par une suite indispensable, tous les liens de la société. Oh! Monsieur, que votre

AU RESTE est venu mal-à-propos se placer sous votre plume ! Effacez-le avec des larmes d'un vrai repentir ; car qu'*y a-t-il de commun entre J. C. et Bélial* (*a*)? et par quelle espece de distraction inconcevable, avez-vous prétendu accorder à la République, qui a secoué le joug de J. C. ce qui peut se tolérer dans des Pays Chrétiens, où la Loi divine fait la premiere et la souveraine Loi de l'Etat ! Et vous voudriez, M., cesser d'être Catholique, ou en rompant toute communication avec le Chef visible de l'Eglise, ou en soumettant à la République ses décisions de dogme, de discipline et de morale, de même que son autorité indépendante de tout pouvoir humain ; *Infandum! sistunt omnes terræque dehiscunt!* Virg.

Il est encore une Loi qui selon vous, Mr., *n'est et ne peut être que Civile* : cela va sans dire. La République n'en porte et n'en connoît point d'autres. Cette Loi qui tombe sous la *Déclaration exigée*, est celle *du 7 Vendémiaire An* 4, *concernant la police extérieure des Cultes*. p. 5. En quoi faites-vous consister cette police, Mr., et quelle seroit la puissance de l'Eglise, si on accordoit aux législateurs civils le droit de statuer sur ce qui regarde l'extérieur? Les définitions de Foi, ne sont-elles pas elles-mêmes extérieures ! la prédication de l'Evangile, l'Administration des Sacremens et toutes les fonctions du Sacerdoce relativement à la doctrine de J. C. ne sont-elles

---

(*a*) *Quæ autem conventio Christi ad Belial?* 2. Cor. VI. 15.

pas extérieures ? Que restera-t-il donc à l'Eglise qui ne soit subordonné à la République Françoise? Et vous, M., que J. C. a rendu dépositaire de ce trésor inviolable, vous ne vous faites pas une affaire de l'abandonner aux ennemis de son nom ? Oh ! pour le coup, vous n'y pensez pas. Est-ce ainsi qu'en agirent les Apôtres, qui n'avoient pas fait leur Déclaration comme Ministres du Culte, pour exercer les fonctions de l'Apostolat? Lorsqu'au milieu de son conseil le Prince des Prêtres leur dit : „ Nous vous avons défendu „ expressément d'enseigner au nom de J. C. Cependant voilà que vous avez rempli Jérusalem de „ votre doctrine ". Que répondirent alors Pierre et les autres Apôtres ? „ Il faut obéir à Dieu plutôt „ qu'aux hommes " (*a*). Observez, s'il vous plaît, M., que c'est au Sanhedrin, qui avoit inspection sur les objets qui concernoient la Loi, que les Apôtres tiennent ce langage pour des actes extérieures, qui ne regardoient pas la police civile. Or faites l'application.

Mais il est temps d'en venir à la fameuse Déclaration qui fait votre objet favori, et qui, selon moi et la presque totalité des Prêtres, n'est qu'un nouveau piege, qu'on tend à notre conscience : elle est conçue en ces termes :

> „ *Je reconnois que l'universalité des*
> „ *Citoyens François est le Souve-*
> „ *rain ; et je promets soumission et*
> „ *obéissance aux Loix de la Ré-*
> „ *publique*". p. 5.

Arrêtons-nous d'abord au premier point, qui

(*a*) Act. V. 28. 29.

est de reconnoître la République Françoise. Puisque le caractere de Ministres de Dieu, dont nous sommes revêtus, dans l'ordre de la Religion, donne droit à la République de n'attendre de nous qu'une Déclaration et une promesse franche et sincere : il faut que cette Déclaration ou promesse soit établie par la persuasion de la vérité de ce que nous déclarons, et de la ferme intention d'accomplir fidelement ce que nous promettons. L'autorité ne veut pas d'hypocrites et cette Déclaration ne doit paroître rien moins qu'une vaine cérémonie. Or pourquoi un Prêtre porte-t-il la délicatesse à l'excès dans ses promesses, si ce n'est que parce qu'il veut être fidele à s'en acquitter ?

Qu'il nous soit seulement permis d'observer que le Culte que nous professons nous commande la soumission aux autorités, et qu'il est étonnant, que malgré l'égalité des droits reconnus par la République, on fasse une distinction entre nous et les autres Citoyens, en nous imposant sans motif fondé une obligation particuliere & plus forte.

Vous avez cru vous appercevoir, dites-vous M., *que quelques personnes se trouvoient arrêtées de faire la Déclaration, parce qu'elles ne croient pas, que la Constitution, quoique publiée dans la Belgique y ait été ACCEPTÉE*, non par *l'universalité*, mais même *par la majorité du peuple*. p. 6. Cependant, ajoutez-vous, *je n'entrerai point dans la discussion de cette prétention, parce qu'elle me paroît absolument nulle pour décider la question*. Et moi, M., je n'y entrerai pas non plus. Quelque soit pourroit s'y faire prendre. Je ne veux cependant pas suivre la *prudence de la chair, qui donne la mort (a)*. Je nè dissimulerai pas que je trouve des raisons puissantes qui m'empêchent en conscience de me prêter à la Déclaration. Mais je les retiens en temps et lieu dans le domaine de ma pensée. La République à laquelle je prétends n'être pas moins soumis que vous, M., quoique je vous le cede en complaisance, n'exige pas que je les expose, et vous ne trouverez pas mauvais que je vous les laisse ignorer. Vous élevez des doutes avec beaucoup d'astuce, probablement, afin qu'on y réponde. Mais à bon chat, bon rat. Quelqu'un m'a dit à l'oreille *omnia tuta time.* Pour vous, vous prononcez hardiment, que dans tout cela, *il n'y a rien qui puisse arrêter un esprit juste, puisqu'il n'y a rien, qui ne se trouve plus ou moins dans les autres Républiques.* p. 7. O l'heureux mortel, que rien n'embarrasse, ni n'arrête quand il s'agit de faire la Déclaration!

Vous ajoutez, qu'actuellement *le Gouvernement est mixte, démocratique à certains égards et aristocratique* à d'autres p. 7. et que n'y ayant rien de stable *il a réformé dans sa derniere Constitution ce qu'il avoit avancé de l'origine de sa Souveraineté.* p. 8. Origine, sur quoi on auroit bien des choses à dire, mais où je ne dois pas entrer.

D'ailleurs, vous l'avouez; les Gouvernans n'adoptent aucun Culte; mais qu'à cela ne tienne; car selon vous ils savent aussi bien que les Païens,

---

(*a*) *Prudentia carnis, mors est.* Rom. VIII. 6.

qui avoient une Religion quelconque, *de qui ils tiennent leur pouvoir*; puisqu'ils *ont proclamé leur Constitution en présence de l'Être-Suprême*. p. 8. En vérité vous êtes bien bon, M., de prendre l'expression d'*Être-Suprême*, argent comptant, comme si vous ignoriez ce que signifie ce nom dans le langage Philosophique. Cependant vous pénétrez dans leur pensée. En présence *de l'Être-Suprême*, dites vous; c'est-à-dire en présence de *celui*, *dont ils tiennent l'existence*, et dont on n'entend presque plus prononcer le saint nom que pour le blasphémer (*a*).

Ne trouvez cependant pas mauvais, M., que j'abandonne toutes vos subtilités métaphysiques et votre édition sans doute posthume de *la defensio declar. Cleri*, où l'on fait parler les morts comme on veut. J'ai lu la *Politique de l'Ecriture Sainte* de Bossuet, qui est toute opposée aux maximes de Machiavel, et je m'en tiens là. Ce grand homme, pose en fait que la conquête donne des maîtres et non des Souverains; que la conquête met la force en main, non le pouvoir de faire des Loix. Pour moi sans vouloir éplucher ni examiner, comment et jusqu'à quel point le Pape et d'autres Puissances ont reconnu la République Françoise; sans vouloir approfondir comment la *Souveraineté réside dans l'universalité* du peuple, ou à qui elle transporte le droit d'en être gouvernée; sans vouloir pénétrer

(*a*) Le peuple ignorant ne connoit que le *bon Dieu*. Aussi un Sans-culotte disoit à un de ses camarades, qui parloit de Dieu : *Tais-toi donc, il n'y a plus de Dieu; il n'y a qu'un Être-Suprême.* La Harpe.

si elle est de *droit* ou de *fait*; sans pouvoir me déterminer en conscience à faire la promesse sur ce premier point, je me déclare cependant sujet très-soumis. Je déclare et je proteste à la face du ciel et de la terre, que jamais je n'agirai ni ferai agir contre elle. En sorte que je ne me considere dans la République que comme un être passif, et qu'en cette qualité, elle peut ordonner tout ce qu'il lui plaira, sans que je pense à la révolte. Du reste je laisse là l'autorité de J. J. Rousseau et son contrat social, que j'abhorre, p. 9. Je souffle sur les Théomachies de la fable, et sur ce que dit Ovide. Ce sont des autorités à citer ailleurs. *Non erat his locus.* HORAT. DE ARTE.

Venons à la seconde partie de la Déclaration, *c'est-à-dire, la promesse de soumission et d'obéissance aux Loix de la République.* J'observe d'abord que la promesse exigée n'est pas d'obéir au Souverain, qui a son étendue et ses limites, hors desquelles il n'est plus *Souverain*; mais c'est d'obéir *à ses Loix*, dont une infinité sont portées et dont on exige l'exécution; de sorte qu'il ne s'agit pas du *pouvoir* qui a ses bornes dans le droit, mais des Loix portées et à porter, qui n'ont d'autres bornes qu'elles-mêmes. Cela supposé, on sent déjà qu'en conscience nous ne pouvons pas faire cette promesse : parce que nous ne pouvons pas accomplir ce que nous y promettrions, ni par conséquent nous y obliger d'une maniere si authentique et si solemnelle.

Tel est, M., le sentiment du Cardinal-Archevêque de Malines et de l'Evêque de Ruremonde, de même que des Vicariats des Pays-Bas, des Docteurs de Louvain et de l'universalité morale de la Belgique : mais apparemment qu'ils ont tous pris le change, puisqu'à vous en croire, M., *la promesse de soumission et d'obéissance* p. 9. n'est rien en comparaison de celle, où l'on reconnoît, que *l'universalité des Citoyens est le Souverain.* S. Augustin, cette grande lumiere de l'Eglise, qu'on met à toute sauce, en fait preuve. Le Saint Docteur, que les Luthériens, que les Calvinistes, que tous les Sectaires et les Novateurs sur-tout, se plaisent à citer par préférence, a dit, quoi? Que *la premiere Loi de toute société c'est d'obéir à ses chefs, et que c'est là une convention générale des hommes réunis en états.* p. 10. Personne ne le conteste. *Le Prêtre est membre de l'Etat et Citoyen avant son ordination : le Sacerdoce ne lui ôte point la qualité de sujet et ne l'affranchit pas de l'obéissance.* p. 9. Tout cela est généralement reçu. Un enfant même est sujet du Prince par la naissance, avant d'être enfant de l'Eglise et d'être soumis à ses Pasteurs en vertu de son Baptême. Mais que s'ensuit-il de-là? Que c'est la Puissance temporelle, qui asservira le Chrétien et le Prêtre sous sa Jurisdiction? Non sans doute, cela est bon pour un Citoyen, mais non pour un Chrétien; car quand *les Loix*, selon S. Augustin, se trouvent *en contradiction avec ce que Dieu ordonne, c'est à lui comme au Souverain Arbitre des créatures, qu'on doit obéir de préférence.* p. 10. Nous convenons donc *de ces principes lumineux*, M., et c'est à pure perte, que vous employez plus d'une page à les étayer par des citations et des raisonnemens hors d'œuvre.

Vous rendez justice à vos Collegues en disant, que *ce seroit leur faire injure, de regarder comme une résistance à l'autorité légitime le refus qu'ils ont fait jusqu'ici* (ajoutez, et qu'ils doivent faire) *de donner la Déclaration demandée.* p. 10. Mais nous vous désavouons hautement, quand il vous prend envie de scruter d'une maniere si avantageuse *l'intention précise du Gouvernement*, tandis que ce même Gouvernement ne veut pas qu'on y fouille : et qu'il vous défend d'expliquer cette intention comme aussi de la restreindre ou de la modifier.

Mais pour faire voir que vous ne vous hazardez en rien, et que vous avez le secret des cœurs et le discernement des esprits, vous alléguez un monument irréfragable, pour prouver qu'il est hors de doute que telle est précisément l'intention du Gouvernement. C'est l'*arrêté précité de l'Administration centrale du Département de la Meuse inférieure*, qui publie les *Considérans* de la Loi du 7 Vendémiaire, pour *dissiper tous les doutes de ceux qui pourroient croire mal-à-propos, que l'obligation promise s'étend au-delà de la soumission PASSIVE aux Loix toutes purement civiles.* p. 11.

Voilà ce qui s'appelle tabler sur des autorités victorieuses ! Aussi avez-vous dû vous écrier, *peut-il y avoir rien de plus propre pour appaiser les consciences alarmées dans le cas présent?* Oh! vraiment, oui, Ministres du Culte, que vos tendres consciences se calment sous la garantie infaillible de l'Administration centrale; car remarquez qu'elle ne peut modifier les actes du corps législatif, ni ceux du Directoire exécutif. Aussi l'arrêté n'est porté que *par forme d'instruction.* Sur quoi on pourroit demander, quelle est la Mission

sion des Administrateurs pour instruire les Fideles sur les dogmes et les préceptes de leur Religion. D'ailleurs ils partent uniquement de *soumission passive* et nullement d'obéissance; parce qu'ils ont senti sans doute le ridicule d'une obéissance passive. Cependant quel quinze vingt ne s'appercevroit-il pas qu'ils vous jettent de la poussiere aux yeux, en se portant pour interprêtes d'une Déclaration qu'il leur est défendu comme à nous d'interprêter et de modifier? De plus d'après les principes de la République, il est impossible qu'il existe chez eux d'autres Loix, que de *purement civiles;* car la suprématie Républicaine differe de celle de l'Angleterre, où l'on reconnoît en matiere spirituelle une jurisdiction subordonnée aux dogmes et aux préceptes de l'Evangile ; au-lieu que la République ne fait pas plus de cas de l'Evangile que de l'Alcoran. *Il n'importe en aucune maniere à la République*, est-il dit dans l'arrêté de l'Administration de l'Ourte; qu'on *soit censé abandonner ou n'abandonner pas, contredire ou ne contredire pas sa croyance religieuse, parce qu'elle a consacré en principe la liberté indéfinie d'opinions.* C'est-à-dire, que la République suppose que Dieu n'exige aucun Culte, ou que s'il en veut un, il n'a pas daigné le prescrire. Or je vous demande, Mr., s'il est concevable qu'on ose décider, d'après de tels principes, les cas de la morale Chrétienne?

Aussi ces Messieurs-là rient eux-mêmes de leurs interprétations: et vous, permettez moi de le dire, quelque éclairé et quelque pénétrant que vous soyez, vous êtes en ceci trop peu défiant; car j'ai des preuves qu'ils se divertissent entre eux de notre bonhommie et de notre simplicité. *Deridetur enim*

C

justi simplicitas (*a*). N'a-t-on pas su dans une certaine ville, ce qu'a dit en pleine table d'hôtes un de ces Messieurs, qui avoit été consulté par un Ministre du Culte. *Savez-vous bien*, dit-il aux convives, *qu'aujourd'hui à l'Administration, nous avons parlé en Papes, et décidé une question de Théologie.* Que voulez-vous dire, demanda un de ceux qui se trouvoient présent. Ah! répartit l'Administrateur, *c'est encore un de ces sots Curés-là qui est venu nous demander s'il n'y avoit pas de péché à faire la soumission?* On sait qu'ailleurs ils ont consulté des Avocats, ce qui nous rappelle la fameuse consultation des cinquante de Paris sur le Formulaire. On sait qu'ils auroient franchi le pas s'ils s'étoient tenus à la décision de ces braves casuistes; sur quoi un Jurisconsulte, homme d'esprit, dit finiment : puisqu'on consulte des Avocats pour des cas de conscience; je m'en vais consulter un bon Pere Capucin, pour un procès qu'on va mettre en rapport. Mais laissons là l'arrêté de l'Administration centrale, qui n'est porté que *par forme d'instruction* gratuite, et passons aux Considérans de la Loi elle-même. Ils ne sont pas moins positifs à cet égard que l'interprétation donnée par l'arrêté. Voyons-les donc ces fameux *Considérans*, non tels que vous les rapportez succinctement, Mr., mais tels qu'ils ont été publiés et affichés. Il ne faut rien perdre d'un morceau aussi essentiel. C'est pour motiver la Loi qu'ils ont été donnés.

„ Considérant qu'au terme de la Constitution „ *nul ne peut être empêché d'exercer*, *en se*

(*a*) Job. XII. 4.

„ *conformant aux Loix*, *le Culte qu'il a choisi*, „ que nul ne peut être forcé *de contribuer aux* „ *dépenses d'aucun Culte*, et que la République „ *n'en salarie aucun*".

Vous avez oublié ce *CONSIDÉRANT*, Mr., qui est la base fondamentale du libre exercice des Cultes. Je crois cependant qu'il mérite de trouver ici sa place, pour asseoir notre jugement, et en tirer les conséquences qui en dérivent.

Observons d'abord que nul ne *peut être empêché dans son Culte*. Précieuse liberté, dont nous allons jouir! quoiqu'obligés par les vœux de notre Baptême aux Loix de l'Eglise, il nous sera libre d'être Renegats, Apostats, Mahométans, Déistes, Epicuristes, Matérialistes & Riennistes, à certaines conditions près, qui n'entraveroient la liberté, que quand il s'agira du Christianisme. Alors cette liberté sera asservie aux Loix, et à quelles Loix? Le second *Considérant* nous en instruira. Mais ne quittons pas encore le premier, *nul ne peut être forcé de contribuer aux dépenses d'aucun Culte*, *et la République n'en salarie aucun*. C'est-à-dire, Mr. le Curé, qu'après vous avoir *enlevé votre dîme*, p. 29. et *à peu près toute votre subsistance*, p. 38. on vous ôtera encore votre Presbytere, vos ornemens, vos vases sacrés, votre Eglise, bien convienne à un peuple, qui perdra insensiblement le zele de la maison de Dieu, de se cotiser pour vous doter, pour acheter un fond propre à vous bâtir une nouvelle Eglise, et vous procurer tout le nécessaire à nouveaux fraix. Mais on peut prévoir que l'irréligion mettra le peuple à couvert de pareilles dépenses.

Déjà les Philosophistes avoient fait un calcul de ce qu'il en coutoit à la République en pain d'Autel et en cierges. Ils vouloient réduire la Religion à un Culte décharné, et à un vrai squelette; actuellement, selon la remarque de l'Ami des Hommes, ils veulent la releguer *dans l'empire de la Lune.* Mais passons au second *Considérant.*

„ Considérant que ces *bases fondamentales* „ du libre exercice des Cultes étant ainsi po- „ sées, il importe, d'une part, de *réduire en Loix* „ *les conséquences nécessaires* qui en dérivent; „ et à cet effet, de *réunir en un seul corps*, de „ *modifier ou compléter celles qui ont été ren-* „ *dues*; et de l'autre, d'y ajouter des dispositions „ pénales qui en assurent l'exécution". Remarquez que les *bases fondamentales* du libre exercice des Cultes ne sont appuyées que sur la *conformité aux Loix de la République.* Le Citoyen Godfrin, qui par son état doit connoître les bases fondamentales du libre exercice des Cultes, s'explique clairement sur la vraie signification de la Loi dans sa Lettre du 6 Floréal; il invite les Curés de Louvain à y obtempérer, il les y invite au nom de la Religion, *mais sur-tout au nom de la LOI* dont l'*AUTORITÉ*, dit-il, est *AU-DESSUS* de toute *AUTORITÉ*. Religion sainte! te voilà donc devenue esclave des Puissances du monde, toi qui étois libre? Toi, dont l'empire indépendant devoit durer jusqu'à la consommation des siecles! tu devras te conformer à l'autorité des Loix contraires à toi-même, pour jouir du libre exercice de ton Culte.

Mais quelles sont et seront ces Loix? ce sont les conséquences nécessaires, qui dérivent de la *base fondamentale.* On les *réduira* en Loix, on *réunira* en un seul corps, celles qui ont été déjà portées, on les *modifiéra*, *on les complétera*, puis on *ajoutera des dispositions pénales*, pour en *assurer l'exécution.* Sentez-vous déjà, Mr., tout le venin de la *base fondamentale*, et des conséquences indéfinies qui en dérivent? Demanderez-vous encore s'il peut *y avoir rien de plus propre*, *pour appaiser les consciences alarmées dans le cas présent*, p. 11? Moi je vous demanderai s'il n'y a pas là plus qu'il n'en faut pour les consterner?

Je vous avois perdu un moment de vue, Mr., pour remplacer les deux Considérans que vous aviez omis, sans doute comme ne faisant rien à l'affaire : Cependant nous y reviendrons encore, et nous verrons s'ils méritoient d'être négligés : en attendant je vais rapporter le 3e. Considérant qui est le seul dont vous fassiez mention.

„ Considérant que les Loix, auxquelles il est né-„ cessaire de se conformer dans l'exercice des „ Cultes, ne *statuent point sur ce qui n'est que* „ *du domaine de la pensée*, *sur les rapports de* „ *l'homme avec les objets de son Culte*, et qu'elles „ n'ont et ne peuvent avoir pour but qu'*une* „ *surveillance renfermée dans des mesures de* „ *police et de sûreté publique*"; p. 1. Souvenez vous toujours que ce sont ces trois Considérans, qui ont motivé les Loix, qui en découlent; et que ces Loix doivent garantir le libre exercice des Cultes, en exigeant de leurs Ministres *une garantie purement civique* contre l'abus qu'ils pourroient faire de leur ministere.

Ceci supposé, il étoit bien inutile de nous citer

M. l'Abbé Barruel, pour prouver un principe, qui ne peut être contesté ; savoir, que *les Loix ne statuent point* (il falloit dire, et même ne peuvent statuer) *sur ce qui est du domaine de la pensée.* p. 16. Mais qu'entendez-vous par le *domaine de la pensée?* Pour moi je vous avoue, M., que je n'y comprends rien : Car quel est le traité de logique qui développe ce que c'est que ce domaine ? Veut-on dire que les Loix ne statuent point sur les pensées, c'est-à-dire, sur les opérations de l'esprit. Mais qu'un homme pense intérieurement ce qu'il voudra, aucune puissance de la terre n'a intérêt de s'en informer, ni aucun moyen d'en connoître.

Peut-être, par le domaine de la pensée désigne-t-on les objets de la Religion, qui ne sont qu'intérieurs. Mais cette explication ne differe presque pas de la précédente, ou elle nous jette dans un nouvel embarras. Car la Religion ne pouvant s'exercer sans un ministere extérieur, il y auroit lieu de douter si la Loi ne prétend pas étendre sa compétence sur tout ce qui est extérieur dans le Culte et dans le ministere de l'Eglise.

Entend-t-on par ce qui n'est que *du domaine de la pensée* les dogmes ou les articles de la Foi et de la Doctrine Chrétienne? Mais est-il bien vrai que ces Loix ne sont que du domaine de la pensée? Dieu ne nous a-t-il pas enseigné par la révélation, des vérités que nous n'aurions jamais apperçues autrement, et que la raison humaine ne pouvoit pas découvrir ; par exemple le dogme de la Création, de la chûte de l'homme, de la Rédemption et tant d'autres articles de la Doctrine Chrétienne? Il est donc faux que les dogmes de la Foi appartiennent *au domaine de la pensée.*

Mais examinons de près et voyons sur quoi s'étend la liberté? Sur les *rapports de l'homme avec les objets de son Culte.* p. 15. C'est-à-dire, M., comme vous nous l'interprétez *en termes plus clairs* que la République *permet à chacun de pratiquer la Religion qu'il professe.* p. 14. C'est donc *l'indifférence de Religion*, systême accrédité de nos jours, et qui consiste à soutenir que l'on doit laisser à chaque particulier la liberté de rendre à Dieu tel Culte qu'il lui plaît, ou même de ne lui en rendre aucun, s'il le juge à propos. Mais un Chrétien et sur-tout un Prêtre qui est l'homme de Dieu, peut-il admettre un semblable principe, et voudriez-vous en tirer parti, M., pour autoriser l'acte de Déclaration?

Mais ces *rapports de l'homme avec les objets de son Culte*, sont-ce les rapports intérieurs? Je n'en sais rien. *Davus sum non Œdipus.* Ter. Entendroit-on peut-être par ces rapports tout ce qui est essentiel à la Religion? Mais cette glose ne sera pas plus claire que le texte; car à quoi servira-t-elle aussi long-temps qu'on n'est pas instruit sur ce qui est essentiel à la Religion et sur ce qui ne l'est pas? Je crains donc, qu'on ne tombe ici dans l'inconvénient, où se trouvent les Protestans en distinguant les articles fondamentaux de ceux qui ne le sont pas. Mais ce qui vous rassure, M., c'est que *les Loix n'ont et ne peuvent avoir pour but innocent qu'une surveillance renfermée dans des mesures de police et de sûreté publique*, p. 7. et cet aveu, dont vous triomphez, Mr., et dont vous devriez vous humilier, n'est qu'une garantie nécessaire à prendre contre les Prêtres, à cause de *l'abus qu'ils pourroient faire de leur ministere, pour exciter à la désobéissance aux Loix de l'Etat*. p. 12. *Cela est décisif*, p. 12, ajoutez-vous, mais un peu trop pour l'honneur du Sacerdoce. Du reste ce que je dis ici contre la liberté chimérique du Culte, n'est pas en opposition avec ce que vous rapportez du Journal ecclés. p. 16. Tout ce qu'on y dit est vrai, pour un Etat, où l'on ne laisse pas la liberté du Culte. Là on ne peut propager la vérité qu'avec sagesse et réserve ; mais on n'appelle pas alors liberté, ce qui n'est qu'une vraie oppression. Car, M., quand vous plaidez en faveur de la liberté des Cultes, ne dites-vous pas ensemble deux choses contradictoires ? Puisqu'il n'est pas possible d'exercer librement sa Religion et ensemble de devoir se conformer aux Loix compatibles ou non avec la Religion ; de sorte que dans le cas qu'elles soient incompatibles, c'est le Culte qui doit céder aux Loix et non pas les Loix au Culte.

J'adopte, M., ce que vous mettez en principe, p. 12. qu'un Citoyen doit à l'Etat de se soumettre à l'autorité ; mais je nie que tout ce que la République exige des Ministres du Culte *ne se borne qu'à une simple promesse, de ne contribuer en rien à la révolte contre la puissance établie*. ibid. Nous venons déjà de démontrer toute l'injure qu'on fait à des Ministres de paix, quand on prend par rapport à eux des mesures si excessives de garantie, de peur qu'ils n'abusent de leur Ministere ! Vous ne voulez pas qu'on chicane sur le mot *civique*, et après tout, *vous auriez droit de reculer si l'autorité civile dépassant ses pouvoirs commandoit l'approbation de ses Loix SANS RÉSERVE*. Mais je vous le demande pour la vingtieme fois, n'est-ce pas les commander sans réserve que de s'obstiner à ne vouloir admettre aucune restriction ? Et de grace quelle différence trouvez-vous entre réserve et restriction ou modification ?

Reculez donc, Mr., vous êtes dans le cas de le faire ; Ne fusse-ce qu'une Déclaration *civique* qu'on vous demandât, encore ne pourriez-vous pas vous y prêter ; car la proscription des Religieux, la spoliation des Eglises, le costume des Prêtres, les vœux de Religion, les biens des Monasteres &c. ne sont, selon la République, que des objets purement civils ; cependant oseriez vous l'avouer sans hérésie ? Mais ajoutez-vous, c'est une soumission purement passive que la République exige à ses Loix, qui ne sont, dites-vous, rien moins qu'*infaillibles*. p. 14. Entendez-vous par ce mot de *passive* que je n'agirai ni parlerai, quand je verrai fouler aux pieds la Religion et les mœurs ? Ah ! malheur à moi si je ne prenois en main les intérêts de la vérité ! *Væ mihi, si non evangelizavero* (*a*). Au contraire si par soumission passive on comprend que je souffrirai en agneau comme les premiers Chrétiens, et que jamais je n'exciterai, ni guerre, ni rébellion. Je suis prêt à *promettre soumission*, mais quant à la Déclaration d'obéissance, que je dois signer pour exercer le ministere de mon Culte, jamais je ne m'y prêterai. Quoi ! moi, Prêtre, Religieux, je ferois promesse d'obéissance à la Loi de ma suppression contre laquelle j'ai protesté d'injustice et de nullité ? aux Loix qui abolissent les dîmes et les droits des Eglises, que

---

(*a*) 1. Cor. 9. 16.

j'ai juré de maintenir et dont je ne suis que le gardien et l'usufruitier? Non, non. Jamais on ne verra mon nom affiché dans l'Eglise, comme un acte du pouvoir que m'accorde la République d'exercer un ministere que je ne tiens que de Dieu seul. Je sais que le *Culte extérieur n'est que l'écorce de ma Religion*, p. 14. mais je sais aussi que comme l'arbre dépouillé de son écorce doit mourir, de même l'intérieur est bientôt réduit à rien, sans l'extérieur.

Vous insistez et vous dites, *que gagne-t-on à une méfiance inspirée à la vérité, par des opérations antérieures, mais désavouée aujourd'hui*, p. 15. Mais, moi je vous demande Mr., 1°. si cette méfiance n'est pas bien fondée, puisque de votre aveu *elle est inspirée par des opérations antérieures*? 2°. En quoi ces opérations sont-elles désavouées aujourd'hui? A-t-on annullé les Loix dont on se plaint? Et les papiers publics ne vous apprennent-ils pas quel tumulte il y a eu nagueres à la Convention, quand les hommes probes ont fait la motion de rapporter la Loi actuelle du divorce? Consent-on à reçevoir les restrictions pour calmer les consciences? Donc la *méfiance* subsiste dans toute son étendue. Et malgré cela je ferai la Déclaration? Non non, ma conscience y répugne trop.

Car enfin il ne s'agit pas de tromper. Je dois parler vrai, dès que le Souverain m'interroge et exige une promesse ou une Déclaration, revêtue sur-tout d'autant de solemnités que celle-ci. Personne ne révoque en doute qu'on ne doive lui répondre et engager sa promesse *ad mentem petentis*, selon le langage de l'école, c'est-à-dire, selon l'intention de celui qui exige la promesse. *Quiconque trompe l'attente de celui à qui il fait un Serment, est un parjure* dit S. Augustin (*a*). Et il faut dire, *à pari*, que dans notre cas, celui qui faisant une promesse ou une Déclaration, trompe l'autorité publique qui l'exige, est un menteur. Car cette promesse est un acte public de soumission, c'est une Déclaration d'obéissance, et d'une obéissance pleine et absolue; cette obéissance doit s'étendre à toutes les Loix qui existent déjà, et qui pourront exister par la suite; à celles qu'on connoît et à celles qu'on ne connoît pas encore. Or les Loix diverses qui nous sont connues, suffiront sans même contraindre personne, pour détruire assez rapidement le Christianisme par la voie de la séduction et de l'impunité, comme il est à peu près détruit en France et dans les armées par l'opprobre ou le ridicule que l'impiété y attache. Les Loix qu'on pourra ajouter à celles qui nous sont déjà connues, et qui peut-être iront encore plus directement au même but, ne me rendroient-elles pas le plus téméraire des hommes, si je leur prêtois une obéissance entiere, sans restriction et sans réserve? Exiger de moi cette obéissance, sans en connoître l'objet précis, n'est-ce pas imiter les Francs-Maçons, qui prescrivent un Serment impie et téméraire, sans savoir sur quoi il peut tomber? Dira-t-on qu'il sera libre au récipiendaire de *reculer* après avoir fait son Serment, et que les Ministres pourront en faire de même? Pauvre raisonnement! C'est-à-dire, qu'on peut

(*a*) Epist. 77. ad Alb. N°. 13. Edit. Bened.

toujours s'exposer à pécher ; reste à s'en repentir plus tard.

Vous en convenez vous-même, M., lorsque vous dites qu'*une Loi seroit suspecte par cela seul qu'elle interdiroit qu'on l'examinât, et qu'elle seroit injuste, si malgré qu'elle ne soutînt pas l'épreuve, elle fut mise en exécution.* Or tel est notre cas. Donc concluez qu'il n'est pas permis d'y souscrire.

Mais la République n'adopte pour elle aucun Culte. Voilà déjà un aveu qui fait naître bien des soupçons; car que sont-ce que des Loix sans Culte? Et comment concilier la conscience avec des Loix qui ne sont pas subordonnées à la Loi divine? La République est *toute politique*; donc peu lui importe, si parmi ses Loix elle en publie de contradictoires à notre Culte : et n'a-t-elle pas toujours une porte de derriere en disant, „ Vous exercerez très-librement votre Culte, bien entendu „ que ce sera autant que mes Loix vous le permettront, et non autrement". Voilà donc ma Religion, cet inestimable présent des cieux, la voilà assujettie aux Loix quelconques portées ou à porter par l'autorité moderne ; et ce ne sera qu'en la subordonnant à ces Loix, qu'on pourra l'exercer. Libre à moi de mentir en révoquant la Déclaration que j'aurois faite, et dont la République auroit droit de se servir contre moi, pour me réduire à l'obéissance, selon ma promesse faite sans restriction.

Mais que dis-je ? non je n'aurois pas même *le droit de reculer* après m'être apperçu que l'autorité civile dépasse ses pouvoirs, d'autant que pour garotter davantage ma liberté, la Loi déclare que „ tout Ministre de Culte, qui après avoir fait „ la Déclaration, l'aura rétractée ou modifiée, ou „ aura fait des protestations ou restrictions con„ traires, sera banni à perpétuité du territoire de „ la République. S'il y rentre, il sera condamné „ à la gêne aussi à perpétuité". De bonne foi, qu'est-ce que cela signifie ? une telle contrainte désigne-t-elle dans le gouvernement des intentions bien droites? et quel est l'homme le plus confiant qui pût faire la Déclaration, sans être tourmenté par des méfiances, des anxiétés et des doutes? Mais dans le doute ne doit-on pas prendre le parti le plus sur? Et cette Déclaration ne fut-elle que vénielle, seroit-il permis de s'exposer à la plus légere faute vénielle, pour éviter tous les maux du monde?

Vous citez l'exemple de la légion Thébéenne. Permettez-moi, M., de rapporter le fait avec certaines circonstances, que vous passez sous silence et qui déterminent le cas. Cette légion avoit été levée dans la Thébaïde, où le Christianisme étoit dans toute sa vigueur; aussi étoit-elle tout composée de soldats qui croyoient en J. C., et S. Maurice, qui en étoit le chef, n'en admettoit pas d'autres. On sait que Dioclétien au commencement de son regne n'étoit pas l'ennemi des Chrétiens. Il en avoit même auprès de sa personne, et il leur confioit au rapport d'Eusebe les places les plus importantes. Quant à Maximien, il versoit leur sang dans certaines occasions extraordinaires, et c'est ce qui arriva lorsque Dioclétien eut fait passer la légion Thébéenne d'Orient en Occident. Cette légion n'avoit donc pas été assujettie jusqu'alors à aucun Serment idolâtrique, et elle ne devoit pas s'attendre à y être contrainte. Voilà ce qu'il falloit savoir (*a*).

Il falloit ajouter ensuite, d'après Surius, que Maximien voulut rassembler ses troupes à Octodurum (*b*), pour les faire assister à des sacrifices profanes et leur y faire faire des Sermens, dans lesquels on prétend qu'il y avoit des choses contre la Religion; de sorte que la légion Thebéenne, pour n'avoir point de part à ces sacrileges, passa Octodurum, pour aller camper à trois lieues delà... S. Eucher ne parle point de sacrifice, mais dit seulement, que comme on vouloit obliger la Légion à *des choses contraires au Christianisme*, elle refusa absolument d'y obéir. Voilà donc les Saints Martyrs qui refusent de faire des Sermens contre la Religion, ou des *choses contraires au Christianisme*. Vous le voyez, M., que c'est justement le cas où nous nous trouvons.

C'est à l'occasion de ces Martyrs, M., que vous parlez du Serment que faisoient les soldats Romains. Mais permettez-moi de soutenir, M., que le texte de Tertullien que vous citez, est contre vous et nous est favorable, *nulla necessitas*, etc. Aucune nécessité, c'est-à-dire, aucune contrainte ne peut excuser un Chrétien de faire ce qui est défendu par la Loi de l'Evangile.... *Puta deinde licêre militiam usque ad causam coronæ*. Tertullien dans ces dernieres paroles con-

(*a*) Acta SS. tom. 6 Sept. die 22.

(*b*) Ancienne Ville sur le Rhône, c'est aujourd'hui le Village de Martignac ou Martigni dans le Valais.

vient que le service militaire n'étoit pas absolument opposé à l'état de Chrétien. Le Serment militaire ne concernoit que la discipline et la fidélité aux Empereurs et il n'avoit aucun trait au Culte des Idoles. Aussi ce que Tertullien toujours outré disoit des soldats Chrétiens de son temps, et à sa maniere austere, c'est ce que nous disons encore, proportion gardée à l'égard des militaires de nos jours, „ que leur profession est „ très-dangereuse pour l'ame" ; que dans la licence des camps on est exposé à mille scandales, et qu'il est bien difficile d'y faire son salut. C'est-ce que disoit Virgile à sa maniere, *nulla salus bello*. Par conséquent le *quanta alia*, etc. de Tertullien ne doit pas s'entendre des choses qui détruisent le Culte, mais de celles qui conduisent indirectement au relâchement des mœurs, qui étoient alors si austeres, et à la perversion : et c'est dans ce sens que chaque état, proportion gardée, a ses dangers. Je suis fâché de soutenir, Mr., que toute votre citation de Juste Lipse ne dit rien contre le Serment. Il n'engageoit à rien qui de soi fût contraire à l'Evangile. Juste Lipse produit dans le Dialogisme VI toutes les formules de Serment qu'il a pu trouver d'après Polybe. „ *Que les soldats suivroient leurs Chefs, quel- „ que part qu'ils les conduisissent*. Qu'ils suivroient „ les Consuls, à quelque guerre qu'ils fussent appel- „ lés. Qu'ils ne déserteroient pas et ne feroient „ rien contre le peuple. Qu'ils ne quitteroient „ pas leurs rangs". &c. Ainsi aucune de ces formules n'intéressoit la Religion, et il dit à la marge. *Incerta ipsa verba Sacramenti*. Il dit sur Tacite Lib. XV. Annalium p. 287. *Milites ante omnia JURABANT IN PRINCIPIS SALUTEM, seu ut Arrianus l. 1. cap. 14. Milites mercede acceptâ JURANT REBUS OMNIBUS SE PRÆPOSITUROS salutem Cæsaris.*

Vous ne voudriez pas, Mr., que je répondisse aux textes que vous citez pag. 20, et 21. de St. Pierre et de St. Paul sur l'obéissance qu'on doit aux Puissances. Il n'y a pas deux sentimens là-dessus; encore moins sur l'hommage qu'on prête aux Souverains : comme nous le verrons en parlant de l'Angleterre et de la Hollande; et cet hommage n'a aucun rapport avec la Déclaration d'une République qui n'a aucun Culte. Là les restrictions sont inutiles; ici elles sont d'autant plus indispensables, qu'on ne veut pas en admettre. Quant au mot célebre de S. Jérôme *licet jure fori non jure poli*, vous y répondez vous-même, et cette maxime ne peut tomber sur les Loix Françoises actuelles, qui n'ont aucun rapport avec les Loix divines. Je ne puis rien opposer, M., à ce que vous rapportez d'une maniere un peu embrouillée des Loix de l'Empereur Lothaire : je n'ai ni Baluze ni d'autres livres qui me seroient nécessaires, et je ne trouve rien à ce sujet dans Bérault-Bercastel, le seul que j'aie pu me procurer. Je veux croire qu'il s'agissoit de quelques contestations avec S. Léon IV pour le droit de confirmer les élections des Souverains Pontifes : ce qui ne fait rien sans doute au cas présent.

Pour ce qui est de la conduite de S. Grégoire le Grand au sujet de l'Empereur Maurice, il est bon de rapporter des circonstances, qui changent de beaucoup l'état de de la question : non pas cependant que j'aie envie de vous accuser de les avoir

avoir omises à dessein. Voici ce qu'en dit Bérault-Bercastel dans son Histoire de l'Eglise, T. VI. p. 438. Edit. de Maestricht. ,, L'Empereur ,, Maurice étoit justement cher au Saint Pon-,, tife, pour les tendres liaisons qu'ils avoient ,, depuis long-temps ensemble, et plus encore ,, pour le zele de ce Prince à soutenir et à pro-,, curer tout ce qui tendoit au bien de l'Eglise. ,, Cet Empereur donna cependant une Déclara-,, tion, portant défense à ceux de ses sujets qui ,, avoient exercé des charges publiques, ou qui ,, étoient enrôlés dans la milice, d'embrasser la ,, vie monastique. Le Pape fut extraordinaire-,, ment affligé d'un ordre, qui lui sembloit fer-,, mer la porte du salut à un grand nombre de ,, Fideles; fit de vives remontrances, et néan-,, moins se soumit préalablement à l'autorité, qui ,, avoit droit sur les choses de cet ordre. C'est ainsi ,, qu'il s'en exprima: et il envoya lui-même le res-,, crit impérial dans les différentes provinces; ce ,, qui édifia tellement l'Empereur, qu'il modifia ,, son ordonnance, et défendit seulement de rece-,, voir dans les monasteres les hommes engagés ,, dans les affaires publiques, avant qu'ils eussent ,, rendu leurs comptes. Quant aux gens de guerre, ,, il ordonna de bien examiner leur vie, et de ne ,, les admettre à la profession réguliere, qu'après les ,, avoir éprouvés pendant trois ans dans leurs ,, habits séculiers". Voilà le fait, M., or qu'en conclure? On sait que les ordres Religieux forment une matiere mixte ressortissante aux deux tribunaux relativement à la nature des différens objets, qui les concernent; et cette proposition est de Foi quant à la compétence de l'Eglise sur les objets spirituels, tels que les vœux de Religion, et les instituts ou constitutions monastiques, et le droit de correction. Mais si les ordres Religieux ressortissent au juge d'Eglise quant au spirituel; ils sont aussi de la compétence du Prince quant au temporel et aux actes civils; et cette proposition est de droit naturel. Ainsi quoique sur ces points, l'Empereur Maurice blessât les Loix de la justice, il ne sortoit cependant point des bornes de sa compétence; et c'est pour cela que S. Grégoire obéit à l'Empereur sans trahir la cause de Dieu; puisqu'il joignit à l'ordonnançe de ce Prince, des instructions convenables, pour montrer en quoi elle contrastoit avec la Loi de Dieu. Le Pape eut donc la liberté de faire les restrictions et les modifications, qu'il jugea nécessaires. Voudriez-vous encore dire après cela, M., que *l'espece de soumission qu'on refuse* à la République, *est bien inférieure à l'obéissance* que S. Grégoire marqua à l'Empereur? Cela seroit peu concevable!

Je ne pense pas, non plus que vous, M., que *dans les Déclarations de soumission, et d'obéissance aux Loix exigées par les puissances civiles*, il soit nécessaire qu'on fasse *toujours la restriction expresse de n'obéir, que sauf la Religion que l'on professe*. p. 19. Cette restriction étoit indispensable de votre aveu, sous Henri VIII, sous Elisabeth et Charles II. p. 19, 23, mais selon vous elle devint inutile sous Jacques I. et sous les regnes suivans (*a*); puisqu'alors on

---

(*a*) On peut consulter là-dessus non-seulement les Bulles de Paul V, mais encore celle d'Urbain VIII qui a également défendu le Serment d'Allégeance. Voyez aussi Suarés. Ce qu'en dit Mr. Ernst est tiré, quant au motif, de l'Hist. Ecclés. de Raciné.

sentit, qu'une Loi qui tolere la Religion Catholique, et qui défend d'inquiéter ceux qui la professent, n'exigeoit aucun Serment contraire à cette Religion, & que le Serment de fidélité étoit nécessairement restreint par cette circonstance; puisqu'il répugne qu'une Loi, qui tolere la Religion Catholique et qui défend d'inquiéter ceux qui la professent, exige un Serment contraire à cette Religion : c'est aussi ce qu'il faut dire du Serment qu'on devoit ci-devant prêter en Hollande, comme de celui qui y est exigé, depuis sa nouvelle Constitution. Vous dites vous-même, M., qu'il ne s'agissoit dans l'ancien Serment que d'une simple soumission, et que dans le nouveau, on s'engage de plus à ne concourir en rien au rétablissement du Gouvernement Aristocratico-Stadhoudérien. p. 24. (*a*). Où voyez-vous là, M.,

(*a*) La promesse qu'on a demandée aux Prêtres en Hollande depuis 1730, fut exigée à l'instigation du parti Janséniste. Hoynck van Papendrecht nous en a conservé la requête dans son *Historia Ecclesiæ Ultrajectinæ*.

A ce moment je reçois une Lettre datée du 20 Juin, qu'écrit à un des mes amis un célebre Missionnaire de Hollande. En voici le précis. „ Je puis „ d'autant mieux vous satisfaire au sujet du Ser„ment, que j'en ai l'expérience, pour l'avoir prêté „ sous l'un et l'autre régime. L'ancien consistoit „ en ces termes. *Je jure obéissance aux Souve„rains du Pays, et que je n'envérrai pas d'ar„gent aux Séminaires, aux Cloîtres et aux au„tres Communautés Ecclésiastiques ; de plus „que je ne recevrai ni Bulles du Pape, ni au„tres Loix, qui pourroient être contraires au „bien de l'Etat et au repos public*". „ Je de„mandai, ajoute-t-il, à un des Seigneurs, ce qu'on „ entendoit par-là, et il me rassura en me disant le moindre rapport avec la Déclaration exigée ? Il est certain, que ces puissances mettent la Religion hors du Serment; au lieu qu'ici, l'autorité Républicaine soumet la Religion à ses Loix, et qu'elle me force, quoique vous puissiez dire, d'y donner par mon obéissance la sanction de mon approbation : et comme il n'est rien de plus versatile que ces Loix, fruit de la dépravation civile, morale et religieuse, vous aurez beau me dire, qu'il s'en faut bien, que les législateurs croient

---

„ que pour tout ce qui ne touchoit point l'argent „ & les intérêts du pays, il étoit libre de communiquer avec les Supérieurs Ecclésiastiques, et que, „ pour ce qui concernoit le saint Ministere, on en „ pouvoit faire les fonctions avec la plus grande „ solemnité. Quant à la Déclaration qu'on a exigée sous le nouveau régime, elle étoit, poursuit-il, conçue en ces termes. *Je reconnois la „ forme actuelle du régime telle qu'elle est, et „ qu'elle pourra être statuée, et je promets de „ ne pas influer ni de vive voix ni autrement „ au rétablissement du Prince d'Orange.* Sur „ quoi je répliquai, dit ce Missionnaire, que la „ forme actuelle paroissoit signifier la *Constitution* „ qu'on étoit à rédiger, et que je n'en avois encore rien vu; alors on me répondit, que *Constitution* ou *régime actuel* n'étoit autre chose, que „ *Convention Nationale*, *Municipalité*, *Comité*, „ etc. substitués à l'ancien régime, et que chacun „ dans son état devoit être libre. Dans cette Déclaration, les Missionnaires ne pouvoient pas „ soupçonner les mêmes pieges que dans celle „ qu'une Philosophie perverse a dictée en France, „ parce qu'il s'agissoit même d'accorder dans la „ Constitution Hollandoise de plus amples privileges au Culte Catholique; et qu'on me donna „ des explications propres à calmer la conscience".

que, par exemple, *l'insurrection soit le plus saint des devoirs.* J'en conviens et je sais qu'on a ôté du code ce cri de guerre de la Fayette. On ne pouvoit approuver ce cruel appel aux révoltes, que quand on préparoit les révoltes. Babeuf n'a pas vu la différence des temps, il y a quatre ans; sa conspiration auroit été sanctifiée par les droits de l'homme : mais les Prêtres Sermentés et les Novateurs qui figurent encore sous le nom d'Eglise Constitutionelle, n'ont pas osé adopter une maxime si opposée à l'Evangile. Cependant comme la mobilité caractérise les Loix actuelles; qu'il prenne envie aux Jacobins et à la Montagne, qui ne cherchent qu'à pêcher en eau trouble, et qui brouillent l'eau pour que leur pêche soit plus abondante, qu'il leur prenne, dis-je, envie de mettre en Loi, que *l'insurrection est le plus saint des devoirs.* Les Ministres n'auront pas seulement promis *soumission passive*, mais encore *obéissance active* en souscrivant à toutes les Loix faites ou à faire, parmi lesquelles cette Loi se trouvera.

La question, que vous faites touchant les Missionnaires, qui s'insinuent secrétement dans la Chine, par exemple, ou dans le Tonquin pour y annoncer l'Evangile, me paroît assez déplacée; car, ou ils ne sont pas tolérés, ou ils ont obtenu une tolérance véritable et sincere: dans le premier cas, ils y demeurent inconnus, respectant néanmoins l'ordre public & la puissance légitime, qui les maintient; et ils se font un devoir de conscience d'obéir et de se soumettre à toutes les Loix, qui ne sont point réprouvées par la Religion qu'ils enseignent.

Dans la seconde supposition, l'engagement exprès ou tacite que ces Missionnaires prennent avec les Gouvernemens, qui n'ont pas le bonheur de professer la Religion Chrétienne, est clairement expliqué par la tolérance, que ceux-ci leur accordent, et il est de toute évidence que cet engagement n'a aucun rapport aux Loix, qui seroient en opposition avec les principes de la Religion ; parce qu'on ne voit point ces Gouvernemens tomber dans l'odieuse contradiction d'afficher, d'une part la tolérance de la Religion, et d'exiger de l'autre de ceux qui la prêchent, la promesse de se soumettre & d'obéir à des Loix contraires à ses maximes. Ce paradoxe n'étoit réservé qu'à nos jours. Ces Missionnaires ne se croyent donc jamais permis de faire le Serment de la Constitution de la Chine ou du Tonquin, comme vous voudriez l'insinuer ; ils ne pourroient y apposer des exceptions, et ils ne pourroient pas plus en faire, que les Apôtres n'en firent à Jérusalem, en Grece et à Rome. Ainsi Mr. renoncez à cette comparaison hors d'œuvre.

Mais voici du merveilleux ! c'est la subtilité, avec laquelle vous savez allier l'indépendance précaire de la Religion avec l'indépendance absolue de la République. A votre compte la Religion peut fleurir avec toutes ses entraves, et nous avons à rendre graces à Dieu de nous avoir accordé ce, dont les premiers Chrétiens ne jouissoient pas, et de ce que nous pouvons réparer les pertes du Culte extérieur par l'accroissement de celui du cœur, qui est essentiel. La Loi, Titre II. 2. porte que „ ceux qui outrageront les „ objets d'un Culte quelconque dans les lieux „ destinés à son exercice, ou ses Ministres en

„ fonction, ou interrompront par un trouble pu-
„ blic les Cérémonies Religieuses de quelqu'au-
„ tre Culte que ce soit, seront condamnés à
„ une amende, qui ne pourra excéder 500 Li-
„ vres par individu, et à un emprisonnement,
„ qui ne pourra excéder 2 ans sans préjudice etc".

Dieu soit loué; voilà ce que nous avons de plus précieux, le Corps et le Sang de J. C. à l'abri de tout outrage dans l'intérieur des temples! mais qu'au dehors on foule ce Saint des Saints aux pieds; qu'on mutile et qu'on brise les Croix et les images, qu'on profane les Reliques et les Saintes Huiles. Ce sont des objets, qui ne méritent pas l'attention des législateurs. François, vous futes autrefois Catholiques, et vous abjurez ainsi votre Baptême! Et vous, Mr. le Curé, vous ne trouvez dans cette disposition aucun *sujet d'alarmes. Elles sont toutes dissipées par la Loi* : Juste Ciel!

Il vous sera libre, comme autrefois, de faire vœu d'observer les Conseils Evangéliques, malgré les obstacles qui se rencontrent maintenant plus que jamais. Mais les Religieux aujourd'hui chassés de leurs Couvens pourront-ils, en se soumettant passivement à cette violence, s'avouer apostats et signer une obéissance volontaire à la suppression de leur état et à l'enlevement de leurs propriétés? la *dispense* de ces biens en pareil cas *fut accordée*, dites-vous p. 29. *aux Anglois au nom du Pape Jules III par le Cardinal Polus* : mais cela n'empêche pas, qu'on ne croye ce qu'en rapporte *le Protestant Spelman dans un Ouvrage posthume, dont on a donné, il y a quelques années un extrait en françois,*

p. 29. J'en connois le traducteur, et je puis en parler avec science de cause. L'Ouvrage n'étoit pas écrit en Latin, comme vous l'insinuez, M., mais en Anglois ; on y voit, non pas *une espece de prédiction de ce grand homme*, mais le simple récit des événemens et des fatalités, dont il avoit été témoin, sur-tout dans le Comté de Norfolck. Mais quoique vous puissiez penser de ces ventes et de ces acquisitions, gardez-vous bien d'en rien dire ; mais souvenez-vous de la Loi, Titre V. 24. elle porte que „ Si par des „ écrits, placards ou discours, un Ministre de „ Culte cherche à égarer les Citoyens, en leur „ présentant comme injustes ou criminelles, les „ ventes ou acquisitions des biens Nationaux pos- „ sédés ci-devant par le Clergé ou les Emigrés : „ il sera condamné à mille Livres d'amende et „ à deux ans de prison". Par ainsi *motus* sur cet article, et point de commentaire, fut ce même pour la direction des consciences. Du reste à quoi sert d'alléguer p. 29, la conduite de S. Ambroise? Il souffrit, comme nous devons faire, sans résistance, ce qu'il n'auroit pas même voulu empêcher par la force. *Imperatori non dono sed non nego.* Pour ramener des Schismatiques dans le sein de l'Eglise ou pour réconcilier avec elle une région entiere, on feroit de grands Sacrifices dans ce qui n'est pas absolument dogmatique, à l'exemple de S. Grégoire et de Jules III ; mais on ne déclarera jamais que c'est par une obéissance active aux Loix de la République.

Il *vous sera également libre de dire*, que la Loi du *Divorce* Républicain et la polygamie p. 27. sont contre le droit divin ; et la Religion n'en sera pas moins florissante : parce que vous aurez le droit de refuser la bénédiction nuptiale à ceux, qui voudront s'unir de la sorte. Mais reste à savoir, si vous oserez lancer contre eux l'excommunication et leur refuser la Communion? La République par une surveillance de police ne prendra-t-elle pas leur défense, comme le Parlement prenoit celle des Jansénistes dans le refus des Sacremens?

Vous ne vous peinerez pas sans doute, p. 27. Mr, le Curé; vous ne direz pas avec S. Paul, *quis scandalisatur et ego non uror*. 2. Cor. XI, 29. si *ceux, qui se marient*, contractent devant la Municipalité et ne se présentent pas devant vous pour recevoir le Sacrement de Mariage; de telles unions vous procureront à coup sûr des rejettons propres à propager la Religion.

Je n'ose pas parler des fêtes Décadaires et Nationales, auxquelles on a voulu déjà astreindre quelques instituteurs de la jeunesse Chrétienne; ni de l'Ere Chrétienne et du *Calendrier*: vous me taxeriez *d'être bien minucieux* sur un article, qui fait réellement disparoître de l'esprit des Fideles les grands mysteres et les précieux objets de notre Culte. p. 28. Le Décadi ne mangera pas le Dimanche, comme doit l'avoir prédit Fabre d'Eglantinne, et *ne le fera point disparoître*. p. 28. Mais moi je soutiens, que cela amenera un relâchement affreux quant à la sanctification de ce saint jour. N'entend-t-on pas déjà de mauvais Chrétiens dire insolemment „ il est permis de travailler le Dimanche, d'omettre la „ Messe, de faire gras les jours maigres; parce „ que c'est la liberté : les Loix Françoises m'y „ autorisent ".

J'ajoute, que ne pouvoir contraindre un ou plusieurs individus à célébrer certaines fêtes religieuses, à observer tel ou tel jour de repos, c'est ne pouvoir les contraindre à remplir les devoirs de la vie Chrétienne. Cependant par ma promesse d'obéissance aux Loix, je souscris implicitement à l'abolition des saints jours ; de sorte qu'après cette signature d'obéissance, la République se croira en droit d'exiger, que je les transgresse, si elle le trouve bon. Vous dites, M., que si *elle vous ôte les voyes d'autorité, elle vous laissera celles de la persuasion, plus analogue à l'esprit de la Religion.* p. 28. S. Paul ne se borne pas toujours dans ses Lettres, à cette *persuasion*; il parle et agit quelquefois avec sévérité. Pensez-vous, qu'en cela il s'écartoit de ce qui étoit *analogue à l'esprit de la Religion*, lui, qui se croyoit à juste titre *plein de l'esprit de Dieu* (*a*) ? Ici j'avoue ingenuement ma stupidité, car je ne puis voir comment votre *hilarem datorem*, dont S. Paul se servoit pour engager les Corinthiens à faire leurs aumônes de bon cœur et non avec chagrin et comme par une sorte de contrainte, puisse s'appliquer à la sanctification du Dimanche, qui bien loin d'être de surérogation, est d'un précepte rigoureux.

Le texte *ipse viderit* fut employé par les Prêtres de la Synagogue à l'égard de Judas; il convenoit à leur caractere aigre et impitoyable : mais jamais à celui d'un Ministre, qui ne s'épargne en rien et qui s'épuise à courir comme le bon Pasteur après la brebis égarée, pour la ramener au bercail. Ainsi je ne puis me persuader, M., que

(*a*) 1. Cor. VII. 40.

ce que la *Loi nous laisse*, eut été capable de *dissiper les alarmes* de S. Paul, lorsqu'il disoit *Quis ſcandalisatur et ego non uror* (*a*). J'ose même croire, ne vous en déplaise, que les alarmes à ce sujet, ne sont rien moins que fausses; car à ce compte un Curé pourroit se dire; *j'ai satisfait à mon devoir, j'ai proposé à mes paroissiens les préceptes de Dieu et de l'Eglise.* Et vogue la galere. Ce n'est pas là. *Quid potui facere vineæ meæ et non feci.* Off. div.

Vous m'engagez toujours plus loin, M., avec vos exemples et vos textes, qui n'ont rien de déterminé pour l'état de la question. Quand les nations barbares renonçoient à leurs superstitions et embrassoient le Christianisme, on ne les assujettissoit pas plus à quitter leurs usages, dès qu'ils n'offroient rien de mauvais, que leurs costumes et leurs langages; l'Eglise se relâchoit même à leur égard sur certains points de discipline, qu'on ne croyoit pas essentiels à l'intégrité de la Foi; à l'exemple des conquérans, qui loin de chasser ou de faire périr les habitans des Provinces, dont ils s'emparoient, devenoient un même peuple avec eux et adoptoient jusqu'à leur langue et leurs mœurs. C'est-ce qu'on peut dire de Clovis Fondateur de la Monarchie Françoise. Quand St. Remi le reçut au S. Baptême, il ne lui ordonna pas de vivre à la façon des Gaulois, mais d'abjurer l'erreur et de suivre les Loix de l'Eglise. „ Humiliez-vous, ô Sicambre, lui dit-il; „ renoncez à ce que vous avez adoré jusqu'ici, „ et adorez ce que vous avez brûlé (*b*)". Si

(*a*) 2. Cor. XI. 29.
(*b*) *Incende quod adorasti; adora quod incendisti.*

peut-être à cette occasion, ou dans d'autres pareilles, l'Eglise trouva bon de se relâcher sur certains points non essentiels, en quoi cela a-t-il rapport à l'application que vous en faites aux Loix Françoises? Et que vous en semble, M., le beau texte, que vous citez de S. Augustin, peut-il leur convenir? Que le Lecteur en Juge.

Pour ce qui est des Saints *Evêques du bel âge de l'Eglise; oui, ils se soumettoient aux ordres même injustes des Tyrans, qui les arrachoient de leurs sieges pour les envoyer en exil.* p. 32. Mais aussi ils ne s'étoient pas obligés d'avance, pour exercer leur Culte, de se conformer aux Loix que la République voudroit porter à cet égard, et ils ne croyoient pas qu'ils eussent agi *en conscience éclairée*, s'ils avoient soumis la Religion à de pareilles Loix. Promettre une telle soumission et obéissance, sauf à en revenir si on obligeoit à des actes contre la conscience; ce seroit consentir à avaler volontairement du poison, sauf à le rejetter, si l'on trouve que les effets en sont pernicieux et mortels. C'est-à-dire, lorsqu'il est trop tard, et que le mal est fait.

Voudriez-vous encore, demandez-vous, p. 32. *par l'appréhension d'un scandale né de l'ignorance.... et pour une cause aussi peu raisonable soustraire à vos ouailles la nourriture de leurs ames?* Je prétends d'abord, M., que *l'appréhension du scandale* est très-fondée, et que de grands hommes, qu'on ne peut taxer *d'ignorance*, ne pensent pas comme vous: Ils trouvent que la *cause est très-raisonnable*, et ils ont assez pesé tout ce qui peut résulter du refus que feront les sacrés Ministres. Car, j'en conviens, oui,

Mr., nous sommes réduits à la triste alternative, ou de nous voir privés avec le peuple de tout exercice de Religion, ou de promettre tout et sans restriction; ainsi la cause est très-grave, bien loin d'être *peu raisonnable.* p. 32. Mais, M., ce qui vous décide, à franchir le pas, c'est que vous ne pourrez plus distribuer le pain de la parole de Dieu, et les Sacremens au peuple, qui sera même privé du St. Sacrifice de la Messe, et réduit à *mourir sans Viatique.* Tout cela est désolant, il est vrai, et l'on voit combien vous en êtes affligé. On sait que vous n'avez rien négligé pour prévenir ce malheur, et engager d'autres à *faire une Déclaration, qui, fût-elle même d'un sinistre augure pour la suite, n'est pas captieuse dans sa forme, et dont les termes ne présentent que l'expression de ce que doit tout Citoyen à l'Etat.* p. 32. Au moment, où j'écris ceci, on me fait voir plusieurs de vos Lettres, qui ont couru tout le pays, et qui prouvent vraiment, que vous n'avez rien négligé pour grossir votre parti; il y en a une entre autres, qui témoigne combien vous êtes au comble de votre joie d'avoir fait quelques recrues. On n'ignore pas ce que quelques-uns de vos partisans du Limbourg se sont donné de peines pour entraîner leurs Confreres. Mais honny soit qui mal y pense.

Il me paroît que je ne *vois les choses en noir*, p. 32, que parce qu'elles sont telles: cependant j'aime à être de bonne composition. Je consens que *cette cause si peu raisonnable, ne soit d'aucun sinistre augure pour la suite. ibid.* Je veux que vous ayez formé votre conscience et que cette Déclaration ne vous laisse aucune crainte ni aucun doute sur les entraves qu'elle pourroit mettre à la Religion, et je dis néanmoins que, même dans ce supposé, on ne peut pas la faire, parce qu'après tout, le Gouvernement n'a pas le droit de subordonner la Religion à ses Loix.

Je dis plus, s'il m'offroit, par sa propre autorité et de son chef, une profession de Foi conforme en tout à celle de Pie IV, en m'ordonnant par sa décision à la recevoir directement de sa main, sans y faire mention qu'elle a été ainsi rédigée et prescrite par l'Eglise ; je ne pourrois ni ne voudrois pas la signer. Ce que j'avance, je puis le prouver par des exemples incontestables et décisifs. On connoît l'Hénotique de l'Empereur Zénon, l'Ecthese de l'Empereur Héraclius, et le Type de l'Empereur Constance. L'Hénotique enseignoit la distinction des deux natures en J. C., mais il gardoit un silence affecté sur le Décret du Concile de Calcédoine, qui avoit condamné Eutichès, et par cette seule raison, que cet édit venoit de l'Empereur, qui sembloit en cela régler de son autorité les objets du Culte, cette Hénotique fut rejettée avec indignation. L'Ecthese d'Héraclius & le Type de Constance furent traités avec la même rigueur, comme favorisant le Monothélisme, parce qu'ils imposoient silence sur les Décrets de la Foi. Jean IV condamna l'Ecthese ; Héraclius lui-même le révoqua. Quant au Type, le Pape St. Martin dit dans un Concile convoqué à Rome : „ Nous louons la „ bonne intention du Type, mais nous ne pou„ vons en approuver la forme et la maniere ; „ parce qu'elle ne s'accorde pas avec la regle de „ l'Eglise, qui ne condamne au silence, que ce

„ qui est contraire à sa Doctrine, et défend de „ confondre la vérité avec l'erreur (*a*)".

„ D'après ces principes, ajoute un Illustre Pré- „ lat, (*b*) le Concile foudroya, non-seulement „ l'erreur que le Type favorisoit, mais le Type „ même comme très impie, *impiissimum Typum*. „ Il notifia ce Décret à toutes les Eglises du „ monde Chrétien et à l'Empereur lui-même, „ par une lettre également forte et mesurée".

„ Rapportons ce qu'en dit *Racine Auteur* „ *chéri du parti*. L'Ecthese & le Type (ce sont „ ses expressions) (*c*) paroissent également dic- „ tés par l'esprit de la plus sage politique, et „ c'étoit un zele apparent de Religion, qui les „ avoit fait publier. Toute la postérité néan- „ moins les a détestés, parce qu'il n'en est pas „ de la Foi comme des affaires humaines, et „ que c'est une impiété d'oser capituler avec les „ droits de la vérité, qui sont impréscriptibles". Soumissionistes, appliquez ceci au cas présent!

Or, ces choses ainsi supposées, concluons en sens contraire, que tout *doit empêcher de faire la Déclaration demandée*, pag. 30. D'autant que d'ailleurs elle ne peut être déterminée en un sens honnête et licite, et qu'elle seroit certainement prise pour un engagement à faire ce qui seroit

---

(*a*) Conc. Lat. sub Mart. I. apud Labb. X. 6. p. 225.

(*b*) Mr. de Beaumont, Archevêque de Paris, dans son Mandement de 1756. Voyez l'Autor. des deux Puissances. t. 3. p. 418.

(*c*) Abrégé de l'hist. Ecclés. tom. 3. siecle 7. art. 10. §. 1. 11. 2.

contre la Loi de Dieu, et contre l'intérêt général de la société. Si vous n'avez pas prévu les conséquences qui en résultent, M., tout éclairé que vous êtes, vous avez pu et dû les prévoir: je veux qu'elles n'ayent pas été dans votre intention ; mais les circonstances où nous nous trouvons, et où se trouve la chose publique, vous ôtoient tout doute et tout soupçon fondé; et n'avez-vous pas lieu d'appréhender, *qu'on ne se prévaille de votre Déclaration contre vous?* Ce n'est pas *la logique de la Tyrannie qui peut tirer cette conséquence*, p. 30. Cette conséquence découle des principes.

Je sais qu'il est des circonstances, où il seroit inutile et même dangereux à la cause de la Religion d'agir et de crier; aussi jamais moyen d'opposition illégale ne sera employé de notre part; jamais parole de trouble ne sortira de notre bouche. A Dieu ne plaise que nous avilissions jamais nous-mêmes notre Ministere, en nous portant de gré à une action, que nous croyons contraire à la sainteté. Mais dès que la Foi, la Religion, la conscience s'y trouvent intéressées, il n'est point de motif humain, qui puisse tenir la vérité captive, ni qui soit capable de l'altérer. Donc il n'est jamais permis de promettre soumission et obéissance à des Loix évidemment contraires à la Religion. Ah ! quelle idée peut-on se former d'un Prêtre, qui promet de n'être jamais qu'un être *passif*, qu'un chien muet.

La morale civile, dites-vous, Mr., p. 31. *n'a pas plus d'autorité sur la morale du Christianisme que sur ses dogmes*; et cependant vous promettez de vous soumettre et d'obéir à des Loix, qui

qui leur sont opposées? Il faut, ajoutez-vous, joindre *la prudence du serpent à la simplicité de la colombe.* p. 31. Oui sans doute, comme ont fait les Apôtres, non comme firent les libellatiques, que les soumissionistes veulent imiter et qui comme eux avoient leurs échappatoires et leurs distinctions. Quelque empressement que j'aye de finir, je ne puis me dispenser de rapporter ce trait, pour l'intelligence du lecteur. On conçoit aisément quels devoient être l'effroi et les mouvemens parmi les Chrétiens, lorsque la persécution étoit annoncée. Il y en avoit, qui ne voulant point abjurer, et qui en même temps redoutant les supplices, offroient ou faisoient offrir aux juges de l'argent, pour être dispensés de comparoître, et pour obtenir un Rescrit ou Libelle, qui les assuroient qu'ils ne seroient point recherchés; comme s'ils avoient déjà réellement renoncé et sacrifié. On les appelloit en Latin *Libellatici*, c'est-à-dire, munis de Rescrits ou de Libelles. Or l'Eglise avoua-t-elle leur lâcheté? Bien loin de cela; ils furent traités comme des apostats et soumis aux loix canoniques. Que sera-ce donc si dans un acte, où doit dominer la sincérité et la franchise, on se réserve des interprétations opposées au langage ordinaire?

Ferai-je valoir pour moi l'Article 353 de la Constitution? *Nul ne peut être empêché, non-seulement de dire, mais encore d'écrire, imprimer et publier sa pensée*, p. 13. Mais peut-on rien trouver de plus absurde et de plus inconciliable, que la promesse de soumission et d'obéissance, et la permission d'attaquer, tant qu'on voudra, cette soumission et cette obéissance? C'est faire sortir de la même bouche le bien et le mal. *Ex ipso ore procedit benedictio et maledictio* (*a*).

Les objections sont intarissables chez ceux qui cherchent à s'aveugler. J'entends quelqu'un me dire, „avant de faire la Déclaration, on peut s'expli-„ quer en présence d'amis, et même devant Notaire. „ On peut déposer qu'on ne va faire la promesse de „ soumission et d'obéissance, qu'autant que la cons-„ cience et la Religion n'y sont pas intéressées". Mais je vous le demande? En prononçant ensuite devant la Municipalité la formule prescrite sans y rien changer, est-ce que cette formule ne gardera pas alors son vrai sens malgré tous les préambules, qu'on auroit pu y faire auparavant? On aura commencé par dire qu'on ne promet pas, et ensuite on promettra. Ce manege n'est-il pas indigne d'un homme, qui est assez éclairé pour voir la vérité, mais trop lâche pour s'exposer à souffrir, sans la trahir? Peut-on mieux comparer cette conduite qu'à celle des Elcésaïtes, hérétiques du second siecle, qui soutenoient que l'on pouvoit sans pécher céder à la persécution, dissimuler sa foi et adorer les Idoles, pourvu que le cœur n'y eut point de part. C'est-ce qu'ont fait les Novateurs par rapport à la Bulle *Unigenitus*. Ils rejettoient cette Bulle dans le temps même qu'ils la juroient. Ils la juroient pour parvenir aux Canonicats et aux dignités ecclésiastiques; mais ils prétendoient, que *ce Serment de* la Bulle, *ne pouvoit avoir d'effet que pour un acte essentiellement juste et digne de la majesté divine et humaine, et qu'il ne pouvoit être pris pour un engagement à croire ce qui,*

(*a*) Jac. III. 10.

selon eux, *étoit faux et erroné*, p. 30. En conséquence ils ne se faisoient pas de scrupule, en dépit de leurs Sermens, d'appeller de la Constitution *Unigenitus*, et ils soutenoient qu'on ne pouvoit pas se prévaloir contre eux de leur acceptation, comme vous soutenez qu'on ne pourra jamais se *prévaloir contre vous de votre Déclaration* consignée dans votre brochure, et *mise sous les yeux de tout l'Univers pour confondre la calomnie*, p. 30. 39. Et que voulut-on *arracher des murs de votre Eglise*, *votre écriteau*, *pour le faire servir de titre de conviction contre vous*; *ces mêmes murs*, *antérieurs à lui réclameront pour vous*. p. 31. Oui, Mr., ces pierres et ces murailles, que vous invoquez en votre faveur déposeront contre vous. (*a*). Ils réclameront les droits d'une Religion sainte et inviolable, dont vous trahissez la cause par des palliatifs, indignes de la franchise Evangélique. Si les hommes se taisent (*b*), quoique l'écriteau soit ôté, il n'en sera pas moins vrai à jamais, qu'il y fut attaché pour l'opprobre de la maison de Dieu, et pour votre honte. Que le Lecteur équitable juge de ma comparaison, et de votre induction.

Vous revenez encore, Mr., à ce que le corps législatif a déclaré savoir, que „ les Loix, auxquelles il faut se conformer dans l'exercice des „ Cultes, n'ont et ne peuvent avoir qu'une sur„ veillance renfermée dans des mesures de police „ et de sûreté publique ". p. 33. Mais le Citoyen

(*a*) *Quia lapis de pariete clamabit.* Habac. II. 11.
(*b*) *Quia si hi tacuerint, lapides clamabunt.* Luc. XIX. 40.

Boissy d'Anglas n'a-t-il pas dit depuis peu au Conseil des Cinq-Cens : „ Rappellons-nous que „ long-temps l'Europe nous a considérés comme „ un peuple, *dont la valeur commandoit l'ad-„ miration, et les mœurs l'épouvante et l'hor-„ reur*" : D'où il conclut, „ qu'il faut anéantir „ des décrets partiels, qui consacrent l'arbitraire „ du pouvoir "; un autre assûre. „ Qu'au nom de „ la paix, la Constitution dégarnie de ses odieux „ entourages va paroître plus digne de respect" (*a*). Puissiez vous, Mr., en avoir un sûr garant dans ces paroles de Dumolard, sur lesquelles vous vous extasiez à juste titre. *La Religion est l'ouvrage de Dieu, il n'appartient pas aux hommes de la juger*. p. 33.

Quant *au rapport des voyageurs sur le Culte*

(*a*) Ce n'est qu'à ce moment que je connois la Loi Daunou, dont parle Mr. Ernst et qui lui sert d'Egyde p. 25. Sans avoir été instruit de cette Loi j'ai à m'applaudir qu'il ne me soit rien échappé qui put qualifier les Loix de la République : je n'ai rien même cité de ce que la Harpe et les papiers de Paris ont chanté sur tous les tons ; mais ici je me permets de transcrire ce que je trouve dans le beau mémoire pour Mr. Hase Curé à Bruxelles. Il y est dit p. 63. qu'un Représentant même du Peuple François, un Législateur du Conseil des Anciens dans le sein de cette Assemblée même, le 8 Floréal dernier s'est écrié en ces termes. „ Notre Législation est „ un cahos d'inconséquences, de contradictions, „ d'absurdités quelquefois, et souvent d'injustices. „ Elle appartient presque toute entiere à ce siecle „ reculé et barbare, que nous avons appellé Gou-„ vernement révolutionnaire. Nous allons rayer de „ notre code toutes ces Loix, qui le souillent". Et ce discours, ajoute-t-il, loin d'être contredit, reçut les honneurs de l'impression.

Catholique librement exercé en France par des Prêtres non-jureurs ; ce qu'ils en disent, Mr., ne porte pas ce caractere de vérité qui nous défende d'en douter. p. 33. Je sais que l'opinion publique se prononce en faveur du Culte Catholique. Mais le peuple ne sait pas faire le discernement entre les Prêtres insermentés et les soumissionistes : et vous-même, Mr., vous supposez que ces non-jureurs *n'auront pas hésité à faire la Déclaration prescrite*, *attendu qu'au terme de la Loi*, c'est un *préalable* nécessaire pour *remplir leur Ministere.* Hélas! il est vrai, le Clergé François est actuellement comme un troupeau sans Pasteur; mais j'ai vu dans des relations authentiques, que malgré l'iniquité des temps, il y a nombre de Prêtres, qui tiennent ferme contre la Déclaration, et qu'ils releguent les soumissionistes dans la classe des jureurs et des intrus : Je suis sûr entre autres que les Vicariats de Cambray et d'Arras ont expressément défendu à leurs Prêtres de faire la Déclaration et la promesse prescrite.

Vous insistez toujours, Mr., sur ce que *les Loix*, *auxquelles il faut se conformer dans l'exercice des Cultes*, *n'ont et ne peuvent avoir pour but qu'une surveillance* etc. Mais rappellez-vous donc, s'il vous plaît, que les Prêtres Catholiques n'étant appellés à exercer leur Culte, que sous la condition expresse d'un acte préalable de soumission aux Loix de la République, ils se sont engagés par une Déclaration, qui n'est point passive à sacrifier, à toutes les Loix purement civiles, les dogmes de la Religion et les regles de la Morale. Après cela, que la République trouve bon d'ordonner, que nul ne pourra être élu Ministre du Culte, à moins qu'il ne soit ou marié ou veuf; cette Loi conforme à l'Art. 83. de la Constitution, n'étant que purement civile, je demande si ce seroit par une soumission active ou passive que les soumissionistes y déféreroient?

„ Nous n'approuvons aucune Loi, me direz-vous, en faisant la Déclaration. „ Mais qu'appellez-vous *approuver une Loi?* Est-ce la même chose *qu'accepter la Loi?* Le Législateur n'a que faire de votre acceptation pour la validité ou l'exécution de la Loi; l'obéissance vous y oblige sans cela. Vous n'approuvez aucune Loi, en faisant la Déclaration? Voudriez-vous dire qu'on peut sans scrupule faire la promesse de se *soumettre* et *d'obéir* à des Loix, parmi lesquelles il s'en trouve qui contrastent avec la Religion; et cela encore par une approbation entiérement intérieure; puisqu'il est défendu d'y faire extérieurement aucune restriction, protestation ou modification? Vous croyez donc n'approuver aucune Loi? Et moi je prétends qu'en faisant la Déclaration dans le sens et selon l'intention de ceux qui l'exigent, vous approuvez toutes les Loix de la République; et que vous vous y soumettez par une *soumission active*; car qu'a-t-on besoin d'une Déclaration expresse, s'il ne s'agissoit que d'une *soumission passive*? Cette derniere soumission ne se déclare-t-elle pas par le seul fait de tout homme qui vit tranquille dans un Etat?

Je pose donc en fait d'après le savant Evêque de Bologne dans son Avertissement du 23 Septembre 1795, auquel ont souscrit plus de quarante Evêques, „ que bien loin que la Conven-

„ tion ait jamais entendu que les Prêtres Catho- „ liques, ne promettant soumission aux Loix de „ la République, que pour avoir le libre exer- „ cice de leur Religion, toutes les Loix incom- „ patibles avec les Dogmes et les regles de la „ morale, étoient dès-lors nécessairement excep- „ tées de leurs promesses; elle a toujours pré- „ tendu au contraire, que les Prêtres Catholi- „ ques n'étant admis à exercer leur Religion „ que sous la condition expresse d'un acte préa- „ lable de soumission aux Loix de la Républi- „ que, s'engageassent par-là même qu'ils promet- „ toient la soumission exigée d'eux, à sacrifier „ à ces Loix tous les Dogmes de la Religion „ Catholique, et toutes les regles de sa morale, „ qui y seroient opposées". L'entendez-vous, M.? Ce n'est pas sans doute sur cette grande lumiere du Corps Episcopal, que tombe votre épiphoneme, *Quæcumque ignorant, blasphemant*. p. 39. Ce seroit une marque de suffisance ajoutée à certains autres traits répandus ci-et-là dans vos Observations; et l'on pourroit fort bien vous dire. *Ne innitaris prudentiæ tuæ... Ne sis sapiens apud temetipsum* (*a*).

J'en fais l'aveu, je me suis vû entraîné plus loin, que je n'en avois le dessein; mais il falloit répondre, autant que possible, à tant de citations et d'exemples. Nous sommes aujourd'hui au dixieme jour, M. depuis que votre brochure a paru, et j'étois parvenu précisément à ce que j'écris actuellement, dans une ville, où depuis l'expulsion des pauvres Religieux, il n'y a plus de Bibliotheque, et où

(*a*) Prov. III. 5. 7.

on a toute la peine du monde de se procurer les Livres, qu'on auroit ci-devant trouvés sous la main. J'en étois, dis-je, à ce point de ma réponse; mais voilà qu'une indisposition sérieuse me réduit au lit et m'arrête tout court au moment où j'allois finir ma tâche. Cependant tandis qu'on travaille sur mes brouillons à fur et à mesure que je les rédige; les fideles indécis sont très-impatiens, Mr., de voir une réponse à vos Observations. Elle exigeoit plus de temps et une meilleure santé : mais il a fallu satisfaire à leur empressement, et je la leur abandonne telle qu'elle est, et qu'elle peut naturellement être, dans de pareilles circonstances.

Un ami veut bien rédiger sous ma dictée les pieces que j'avois recueillies sur la prétendue authenticité du Bref, et sur différentes résolutions au sujet de la Déclaration. —— Quant au Bref, le Nonce Apostolique à Lucerne écrit en ces termes „ Le Cardinal Secrétaire d'Etat me marque „ que j'avois fait une réponse très-sage, à tous „ ceux qui m'avoient demandé des éclaircissemens à l'égard du Bref, en les assurant que „ je n'en avois aucune connoissance, que pour „ l'avoir lu dans les papiers publics : il m'ajoute „ de plus que si Sa Sainteté avoit voulu publier „ un pareil Bref, elle ne se seroit pas écartée „ de la voie qu'elle a tenue les autres fois dans „ de pareilles occasions, c'est-à dire, qu'elle „ l'auroit adressé aux Evêques.

J'ajoute l'Extrait d'une Lettre authentique datée de Munster le 2 Juin 1797. „ M. l'Internonce „ qui est ici, s'adressa l'année derniere à S. E. „ le Cardinal Secrétaire d'Etat, et le pria au „ nom de S. E. le Cardinal de la Roche-

„ foucauld et de plusieurs Evêques François, „ de savoir du Pape ce qu'on devoit penser de „ cette piece (le Bref du 5 Juillet 1796), que „ l'on ne connoissoit que par les Journaux?

„ Le Secrétaire d'Etat répondit qu'il falloit „ annoncer de la part de Sa Sainteté à S. E. le „ Cardinal de la Rochefoucauld et à tous les „ Prélats François, qu'on ne pouvoit en aucune „ maniere attribuer au Pape la publication du „ Bref faite à Paris dans les feuilles publiques; „ qu'il n'avoit aucune espece de créance; que „ si le Pape l'eût publié, il n'auroit pas manqué „ de l'adresser aux Evêques".

J'insere encore une attestation de Mr. Ciamberlani faisant les fonctions du Nonce, pour les Pays-Bas datée de Munster le 27 Mai 1797. „ Scripsi Rdo. admodum Dno. N. Breve „ SSmi. D. Nri. sub die 5a. Julii 1796 pervul„ gatum, non esse authenticum, quia numquam „ fuit Romæ publicatum, et id me scire ex „ Secretariâ Statûs. Concordantiam attestor J. „ M. de Moor, S. T. L. Lector. coll. alticollen„ sis, 15 Junii 1797".—Voici enfin un extrait de fraîche date, du 17 Juin dernier; elle est du même Internonce à Munster. „ Le Souverain Pontife n'a „ jamais prononcé sur ce point de la plus haute „ importance, et le prétendu Bref du 5 Juillet „ 1796, que l'on répand avec profusion, ne „ mérite aucune croyance. Il n'a jamais été pu„ blié à Rome; il n'est revêtu d'aucun caractere „ d'authenticité, et il ne peut en aucune façon, „ être attribué au Souverain Pontife. Soyez-en „ bien persuadé, Monsieur; j'ai reçu de Rome „ même les renseignemens nécessaires à ce su„ jet. Il ne faut donc ajouter aucune foi à ce

„ qu'en dit l'Abbé Sicard de Paris, qui, pour „ soutenir son opinion, s'efforce par des raisons „ mal fondées, de prouver l'authenticité du sus- „ dit Bref, qui, je le répete, n'est pas authen- „ tique, et doit par conséquent être considéré „ comme supposé, vu qu'il n'a jamais été pu- „ blié par le Souverain Pontife ".

Ce sont là, ce semble, des témoignages assez parlans : mais je ne m'attendois pas, Mr., qu'un homme qui a fait preuve d'une saine critique dans l'histoire, voulut attacher aucune importance au Journal de Mr. Sicard soumissioniste et membre de l'institut nationnal, pour constater l'authenticité d'un Bref, dont l'Original reposeroit au Bureau du Ministre des relations extérieures, Ch. Delacroix, et qui, selon quelques-uns, auroit été remis officiellement au Citoyen Cacault par le Chevalier d'Azara. Tous ces contes prêtent à rire. Ce n'est gueres là le canal dont le S. Siege se sert pour communiquer ses Brefs (*a*).

(*a*) *Il a paru à Liege le* 30 *Mai un avis au public conçu en ces termes.* „ Ce Bref qui porte la „ date du 5 Juillet 1796, et qui ne contient que des „ préceptes généraux de l'Ecriture Sainte sur la sou- „ mission due aux Puissances, a paru à Liege, il y a „ environ huit mois, accompagné de commentaires, „ qu'on sait être de M. *Lissoir*, Abbé de la Val- „ Dieu. Cet Abbé trop fameux, Janséniste dès avant „ sa premiere communion, abréviateur et traducteur „ de Febronius, Mesmérien tant que c'en fut la „ mode, jureur de la Constitution civile du Clergé „ et Apôtre zélé du Serment, rival de Nicolas Phi- „ libert pour l'Evêché de Sedan, Curé intrus de „ Charleville, est maintenant, après avoir tenté en „ vain d'entrer au Corps Législatif, occupé à Paris „ à rédiger une feuille dans la foi constitutionnelle ".

Qu'on soutienne avec quelques-uns que ce Bref a été réellement minuté et rédigé : qu'en résulteroit-il ? tandis qu'il n'est ni signé, ni scellé, ni expédié par la Chancellerie Apostolique? C'est un avorton étouffé avant de voir le jour.

Pour moi, Mr., je n'ai qu'une preuve à alléguer, et elle me paroît décisive ; c'est celle que le Bref même porte avec soi. Tout homme initié au style latin des différentes nations sentira à la premiere lecture, que ce Bref, qui n'est rien moins qu'avoué par la Cour de Rome, ne sortit jamais d'une plume Romaine. Vous êtes connoisseur, Mr., et vous en jugerez de même. Pour moi tant que je ne suis pas légalement convaincu du contraire, je m'en tiens à cette preuve. Elle me suffit.

Il est temps, Mr., d'en venir à votre *P. S.* Je ne doute pas que vous n'ayez été l'ame de la Consultation adressée au Synode de l'Archevêché de Cologne, où la Loi n'a pas été publiée, et qui par conséquent aura conformé son avis sur celui que Mrs. les Consultans auront fourni. Vous savez, Mr., ce qu'on pense généralement des Métropolitains d'Allemagne et le peu d'importance qu'on attache à leurs décisions. Je ne balancerai pas de dire qu'ici elles perdent beaucoup de leur poids, et que celles des Evêques et des Vicariats Belgiques en ont infiniment d'avantage, par la raison qu'aucun d'eux n'a figuré dans l'Estaminet d'Ems ; qu'ils ne se sont jamais oublié jusqu'à écrire des Lettres injurieuses au Pere commun des Fidèles ; qu'ils ne s'arrogent pas le droit d'intercepter la jurisdiction des Nonciatures Apostoliques, ni le droit de dispenser de leur autorité propre dans les Loix de l'Eglise Universelle, dans les degrès prohibés du mariage et dans le maigre des Vendredis et des Samedis, ni celui d'empiéter sur les exemptions des Réguliers et sur d'autres objets qui ne sont pas de leur compétence. Les Canons et la Discipline ecclésiastique sont chez eux dans la plus exacte vigueur : et les Hedderich et les Schneider, les Docteurs Emsiens de Treves, les Jung de Mayence, etc. etc. n'y auroient pas fait fortune. Enfin, Mr., transportez-vous dans les Pays-Bas, et vous verrez la différence de ces Diocèses au vôtre. Pourquoi faut-il qu'ils forment une ligne de démarcation si frappante? Je le dirois bien; mais il n'est pas bon de tout dire, et je me tais.

J'ai appris que le Synode de Treves avoit envoyé ordre aux Curés de la partie du Luxembourg, qui en ressortit, de faire la Déclaration exigée, mais que ces braves Curés éloignés du foyer de la corruption Emsienne, s'y sont courageusement refusés.

Pour en revenir aux Belges. Le vertueux Cardinal-Archevêque de Malines avec son Vicariat et ses Curés, l'Evêque et le Vicariat de Ruremonde, le Vicariat d'Anvers, celui de Bruges, d'Ypres et de Namur, ont pris une résolution unanime de ne pas faire de Déclaration, et quelques-uns même de ne pas discontinuer les Offices. Le seul Chantre à Gand a empêché l'unanimité et entraîné plusieurs Curés dans sa défection. Le Vicariat de Tournay a fait une grande breche à l'unanimité dans l'absence d'un des Vicaires Généraux, le respectable M. Vanhasendonck, qui en est désolé ; mais le Clergé de la partie Flamande, qui s'oppose à la

Déclaration, est un grand lénitif à sa douleur. L'inconcevable conduite d'un Curé Examinateur Synodal de Liege a étonné tout le monde; au moment même qu'il venoit de plaider la bonne cause avec gloire, il a tout-à-coup lâchement succombé. Hélas! combien de Curés de la Hesbaye n'a-t-il pas entraînés dans sa chûte! Mais à Maestricht et dans tout le Département, chez ce peuple paisible, sage et pieux, on ne compte qu'un Rabbin de la Synagogue, qu'un Récolet ci-devant sécularisé, et un Prêtre connu par des absences d'esprit. Singuliere combinaison! qui ne fait ni la honte des récusans, ni le triomphe des soumissionistes.

Nous n'avons encore rien dit de l'Université de Louvain, de ce boulevard de la Religion, d'où, comme *de la tour de David pendent mille boucliers* (*a*), pour la défense de la Maison de Dieu. L'Avis unanime de tous les membres convoqués fut, qu'en conscience on ne pouvoit pas faire la Déclaration exigée. Quelques-uns proposerent de demander un sursis, pour pouvoir recourir au S. Siege; non qu'ils jugeassent cette consultation nécessaire en elle-même; puisque la question ne souffroit pas de doute; mais ils la considéroient comme un moyen, de conciliation et un délai favorable.

Or, maintenant, M., permettez que je vous adresse la parole. On vous attribue par-tout plus de modestie que vos Observations ne semblent l'indiquer. Eh bien, que vous inspire-t-elle vis-à-vis de cette foule d'autorités respectables, que je viens

---

(*a*) Cant. IV. 4.

de vous citer ? On vous donne réellement du zele? Que son feu consume l'indifférence que vous avez affectée sur les naufrages effroyables, où la Foi alloit être exposée? Vous avez fait montre de votre génie, en feignant de ne voir qu'une espece d'optimisme dans la Déclaration exigée; faites preuve de votre sincérité, en convenant de tous les maux, qu'elle renferme. Enfin revenez à nous, et vous n'en serez que plus grand.

Obsecro autem vos fratres, per nomen Domini nostri Jesu Christi, ut idipsum dicatis omnes, et non sint in vobis Schismata : sitis autem perfecti in eodem sensu, et in eâdem scientiâ. 1. Cor. I. 10.

N. B. On prétend qu'il ne suffit pas de mettre au frontispice, les Lettres initiales de son nom. C'est pourquoi je me signe ici en toutes Lettres

P. Dedoyar, Prêtre.

P. S. Après avoir fait circuler un prétendu Bref du Souverain Pontife, qu'y auroit-il d'étonnant, si l'on répandoit une lettre supposée de mon ancien Confrere l'Abbé de Feller. Je la crois du moins telle. On lui connoît trop de jugement, pour avoir appliqué au cas présent le texte de S. Paul. *Is qui manducat, non manducantem non spernat &c.* Rom. 14. Ce texte ne tombant, que sur des choses indifférentes, dont S. Paul vouloit bien s'abstenir par égard pour les foibles. J'ai d'autres indices, qui me prouvent la supposition de cette lettre. Et, *nisi videro, non credam.* Que de moyens ne met-on pas aujourd'hui en œuvre pour surprendre et séduire ?

Il s'agissoit d'approuver les *Instructions* de Mgr. de Bologne. Le Pape n'a dit ni *oui* ni *non*. Quel avantage en résulte-t-il pour la Déclaration? Le St. Pere a demandé à délibérer: il n'a donc ni approuvé ni désapprouvé. „ Nos officii nostri esse putavimus „ eam rem universam ad accuratissimum examen re- „ vocare, et particularem Cardinalium Congregatio- „ nem adhibêre, ut certum aliquid in tam gravi re „ decernere possimus". Le Pape pencheroit pour le sentiment de Mgr. de Bologne, qu'il s'expliqueroit néanmoins dans ces mêmes termes. Or, l'Abbé de Feller instruit de cette réponse du Souverain Pontife, n'auroit-il pas suspendu son jugement, et se seroit-il hazardé d'anticiper sur celui du S. Siege? D'autant plus qu'on lit ces mots dans sa lettre prétendue. *D'ailleurs voilà l'obligation qui va cesser.* A quoi bon donc s'expliquer sans nécessité?

Mr. J... Religieux de B... qui a publié cette soi-disante Lettre, abuse de la confiance de l'Abbé de Feller, et lui rend un mauvais service dans l'opinion générale du Public, qui s'est si fortement prononcé contre les soumissionistes, qu'un Curé de campagne, après avoir fait sa Déclaration, s'est vu le Dimanche suivant déserté de tout son peuple, qui est courru entendre la Messe dans les villages voisins. Si le texte de S. Paul pouvoit s'appliquer à la Déclaration comme à une chose indifférente, nous sommes ici vraiment dans le cas de dire, *si esca* (Declaratio) *scandalisat fratrem meum*, *non manducabo carnem* (non Declarabo) *in æternum*. 1. Cor. VIII. 13.

ERRATA.

Pages	*Lignes*		*Lisez*
19.	20.	à	a
25.	15.	omnes	amnes

Pages	*Lignes*		*Lisez*
26.	20.	extérieures	extérieurs
33.	3.	partent	parlent
Ibid.	6.	quinze vingt	quinze-vingt
Ibid.	7.	s'appercevroit-il	*effacez* il
Ibid.	31.	et vous	*ajoutez*, Mr.,
34.	15.	braves	graves
Ibid.	17.	finiment	finement
35.	17.	n'entraveroient	n'entraveront
41.	6.	fusse-ce	fut-ce

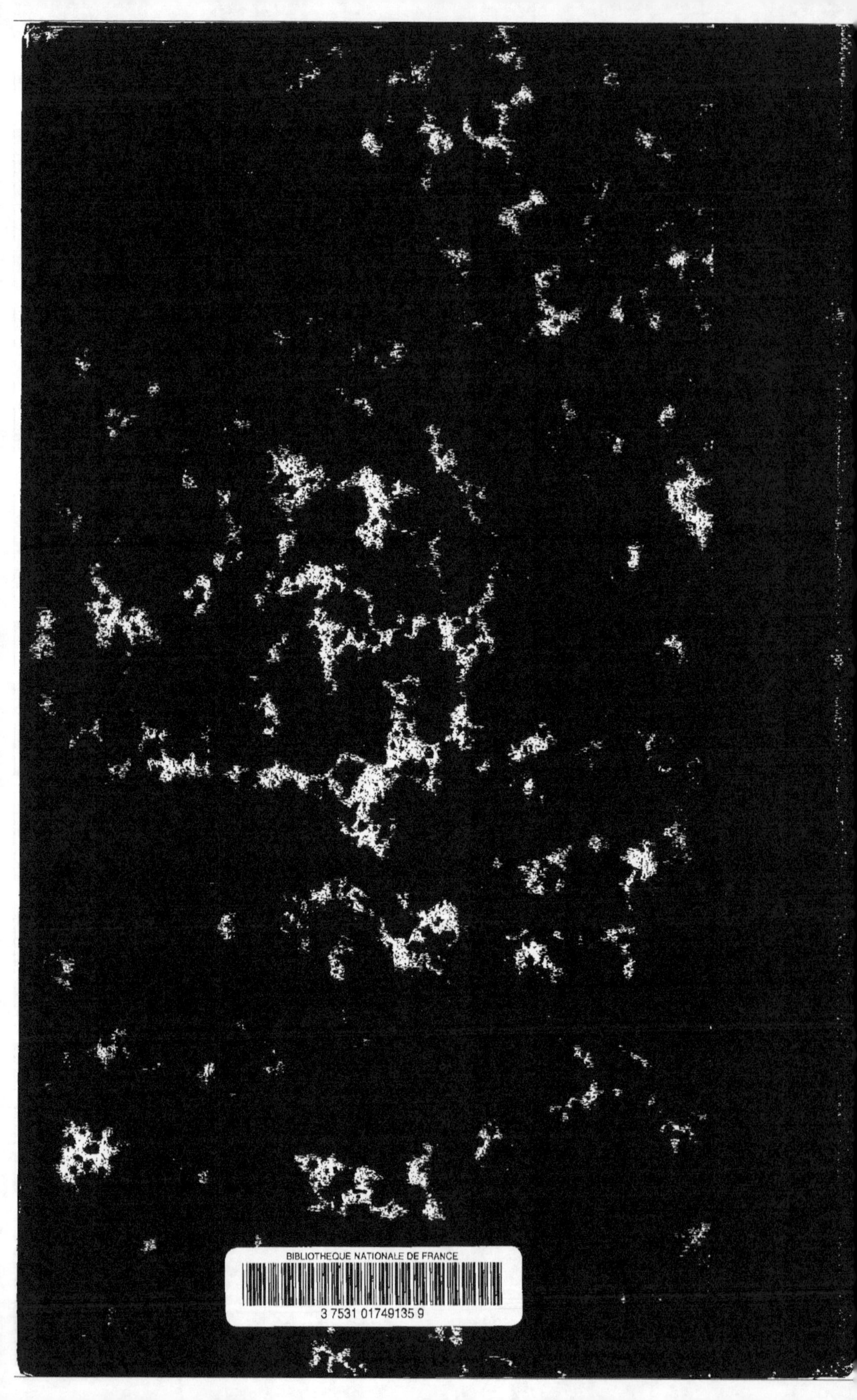

www.ingramcontent.com/pod-product-compliance
Lightning Source LLC
LaVergne TN
LVHW020431230826
846091LV00004B/1456

9782011911261